PERSIEN
CHINESISCHES REICH
INDIEN
SIAM
Maskat
Surat
Daman
Bombay
Rajapur
Goa
Onore
Mangalore
Calicut
Quilon
Malabar
Kap Comorin
Ceylon
Lakkadiven
Malediven
Nikobaren
Malakkastraße
Sumatra
Sokotra
Kap Guardafui
Indischer Ozean
Sainte Marie
Mauritius
Bourbon
Dauphin
N
S

Piratenleben

Arne Bialuschewski

Piratenleben

Die abenteuerlichen Fahrten des Seeräubers Richard Sievers

Campus Verlag
Frankfurt/New York

Die Deutsche Bibliothek – CIP-Einheitsaufnahme

Bialuschewski, Arne:
Piratenleben : die abenteuerlichen Fahrten des Seeräubers Richard Sievers / Arne Bialuschewski. – Frankfurt/Main ; New York :
Campus Verlag 1997
ISBN 3-593-35819-0

Umschlaggestaltung: Atelier Warminski, Büdingen
Satz: Leingärtner, Nabburg
Druck und Bindung: Druckhaus »Thomas Müntzer«, Bad Langensalza
Gedruckt auf säurefreiem und chlorfrei gebleichtem Papier.
Printed in Germany

Inhalt

Prolog

Die Verlockung des Mohrengoldes

An einem Apriltag des Jahres 1694 lief ein kleines einmastiges Schiff in den Hafen von Newport an der Ostküste Nordamerikas ein. Es handelte sich um die mit acht Geschützen bestückte Schaluppe *Amity*. Kaum war das Schiff am Kai vertäut, da verfielen die Schaulustigen auch schon in helle Aufregung. Was die etwa sechzig Besatzungsmitglieder an Land brachten, hatten die Bewohner Rhode Islands noch nie gesehen. Die Männer trugen große Mengen von Gold, Silber, Edelsteinen und anderen Wertsachen in die Läden und Spelunken der kleinen Stadt. Die Nachricht vom Reichtum der Seeleute verbreitete sich wie ein Lauffeuer in den nur an einem schmalen Küstenstreifen besiedelten englischen Kolonien. Schon bald war es kein Geheimnis mehr, daß die Schätze aus dem Überfall auf ein indisches Schiff stammten.

Aber nicht nur die Reichtümer lösten eine Faszination aus, auch der Kapitän des Schiffes, ein gewisser Thomas Tew aus Jamaica, stand plötzlich im Brennpunkt des Interesses. Zu seinen Ehren veranstalteten die begüterten Familien in Rhode Island Gesellschaften, auf denen der Kapitän in seiner derben Seemannssprache immer wieder die Geschichte seiner erfolgreichen Fahrt zum besten geben mußte. Als der Glanz seiner Erzählungen langsam verblich, fuhr Tew in das nur eine Tagesreise entfernte New York, wo er sogar im Hause von Gouverneur Benjamin Fletcher festlich bewirtet wurde. Noch Jahre später erinnerte sich Fletcher gerne an die angenehmen Stunden, die er mit dem erfolgreichen Seeräuber nach einem anstrengenden Arbeitstag verbracht hatte.[1] Vielleicht ahnte Fletcher damals bereits, daß Tews Beutezug den Ausgangspunkt für eine ganze Generation von Piraten bilden sollte.

Natürlich hatten Seeräuber die Schiffahrt auf den Weltmeeren schon lange bedroht. Seit den legendären Kaperfahrten von Francis Drake im späten 16. Jahrhundert waren besonders die spanischen Silberflotten in Mittelamerika ein Ziel, das immer wieder verwegene Seeleute in seinen Bann zog. Mitunter lauerten ganze Heerscharen von Piraten, die in der Karibik Bukaniere genannt wurden, auf ihre Opfer. Ihre spektakulärsten Erfolge erzielten sie aber nicht auf See, sondern bei Überfällen auf zahlreiche spanische Häfen an den kaum zu verteidigenden Küsten der Neuen Welt. Da die Unternehmungen der Bukaniere nebenbei auch gegen den Herrschaftsanspruch der Spanier in Mittelamerika gerichtet waren, konnten sie sich zumindest einer stillschweigenden Duldung der anderen europäischen Seemächte sicher sein.

Das Ende des Zeitalters der Bukaniere kam erst im ausgehenden 17. Jahrhundert, als der verstärkte Schutz der Handelsschiffahrt in der Karibik den Seeräubern keinen Raum mehr ließ, ohne allzu großes Risiko ihrem lukrativen Gewerbe nachzugehen. Zahlreiche Bukaniere boten in dieser Zeit den kriegführenden Mächten ihre Dienste an, andere setzten sich irgendwo auf einer der zahlreichen Karibikinseln zur Ruhe, und wieder andere verließen ihr angestammtes Wirkungsgebiet und erschlossen sich neue Beutegründe. Einige von ihnen hatten schon Jahre zuvor auf der Suche nach neuen Zielen den Isthmus von Panama überquert oder waren um Kap Horn gesegelt, um die Spanier vor der Küste Perus zu überfallen. Von hier aus unternahmen dann um 1685 zwei Piratenschiffe die beschwerliche Fahrt über den Pazifischen Ozean und erreichten schließlich Indien. Etwa zur gleichen Zeit segelten die ersten Bukaniere von der Karibik um Afrika herum ebenfalls in den Indischen Ozean. Die Piraterie war zu einem weltumspannenden Phänomen geworden.

Auch Thomas Tew war vermutlich ein ehemaliger Bukanier, der sich nach einem neuen Betätigungsfeld umsah. Als ihm im Dezember 1692 auf den Bermudainseln von einer Gruppe von Kaufleuten ein Anteil an der Schaluppe *Amity* angeboten wurde, ließ sich der erfahrene Kapitän diese Gelegenheit nicht entgehen. Er bezahlte seinen Schiffsanteil, heuerte eine waghalsige Besatzung an und überredete den englischen Gouverneur der Bermudas, Isaac Richier, einen Kaperbrief auszustellen, der ihn dazu ermächtigte, eine französische Handelsniederlassung an der Westküste Afrikas zu überfallen.

Ein solcher Einsatz war in Kriegszeiten nichts Außergewöhnliches. Schon lange entlasteten die fast ständig im Kampf um die Herrschaft auf den Weltmeeren liegenden europäischen Seemächte ihre Kriegskassen, indem sie bewaffneten Handelsschiffen durch Kaperbriefe eine Bevollmächtigung zur Jagd auf den Feind verliehen. Da diese Art der Kriegführung eine der billigsten und wirkungsvollsten Möglichkeiten war, dem Gegner Schaden zuzufügen, kamen Kaper in fast allen Seekriegen der frühen Neuzeit zum Einsatz. Als 1689 zwischen England und Frankreich ein Krieg ausbrach, der bis in das Jahr 1697 andauern sollte, nahm das Kaperwesen ein nie dagewesenes Ausmaß an. Besonders in den Kolonien, die nur selten von den Kriegsflotten wirksam geschützt werden konnten, fanden Kaperschiffe ein reiches Betätigungsfeld. Der Übergang zur unverhohlenen Piraterie war dabei stets fließend, und oft hing es nur von der Perspektive des Betrachters ab, ob die Aktivitäten dieser Seefahrer als Kaperei oder als Piraterie bezeichnet wurden.

Ausgestattet mit einer solchen Vollmacht zum Raub nahm Tew mit seinem Schiff Kurs über den Atlantischen Ozean in Richtung Osten. Vermutlich war die *Amity* erst kurze Zeit auf See, da versammelte der Kapitän seine Mannschaft um sich und eröffnete den Seeleuten einen tollkühnen Plan: Weil ein Überfall auf die Franzosen in Afrika nicht besonders lukrativ erschien, schlug er vor, statt dessen einen Vorstoß auf die sagenumwobenen Reichtümer des Ostens zu unternehmen. Die gierige Besatzung willigte erwartungsvoll ein, und so segelte die Schaluppe in den folgenden Monaten um Afrika herum bis in das Rote Meer. Dort angekommen, stieß Tew im August 1693 auf zwei Schiffe, die sich auf der Heimreise nach Indien befanden. Eines der Schiffe war ein schneller Segler und entkam, aber das andere hatte weniger Glück und fiel den Piraten zum Opfer. Obwohl die *Fatehi* schwerbewaffnet war, leisteten die Inder so gut wie keinen Widerstand, als sie von der *Amity* angegriffen wurden. Schon nach kurzer Zeit legte die kaum kampferfahrene Mannschaft ihre Waffen nieder, und die Seeräuber konnten das reich beladene Schiff plündern.

Nach diesem Erfolg segelten die Piraten zur Ostküste Madagaskars, wo sie die Beute unter sich aufteilten. Insgesamt erhielt jedes Besatzungsmitglied einen Anteil im Wert von ungefähr zwölfhundert Pfund Sterling. In einem Zeitalter, das von bitterer Armut und weitverbreitetem Elend gekennzeichnet war, stellte das eine ungeheure Summe dar. So viel konnte ein einfacher Seemann, der zwischen zwei und drei Pfund im Monat bekam, in seinem ganzen Leben nicht verdienen. Die Strapazen der langen Fahrt hatten sich gelohnt.

Im Dezember 1693 überholten die Piraten ihr Schiff, erneuerten den Proviant und machten sich auf die Heimreise. Als sich die *Amity* nach über fünfzehn Monaten wieder der amerikanischen Küste näherte, entschied Tew, anstatt zu den Bermudas zurückzukehren, den Hafen von Newport anzulaufen. Das Ziel war nicht zufällig gewählt: Die Bewohner Rhode Islands standen schon länger im Ruf, Schmuggler und Seeräuber mit offenen Armen zu empfangen, wenn dabei für sie etwas abfiel. Und nicht nur das Gold und das Silber der

1 Eine Ansicht von Newport aus dem frühen 18. Jahrhundert. Um 1694 hatte die Stadt etwa zweitausend Einwohner und besaß nach Boston, New York und Philadelphia den viertgrößten Hafen Nordamerikas. Bei den einmastigen Schiffen in der Mitte handelt es sich um Schaluppen, am rechten Bildrand ist eine Bark.

Piraten war in der kleinen Kolonie willkommen. Die Händler konnten auch weitgehend den Preis für die erbeuteten Ostindienwaren bestimmen, die sich dann mit einem gehörigen Aufschlag weiterverkaufen ließen.

Wenn Tew gehofft hatte, sich in Newport den Forderungen der übrigen Teilhaber der Schiffes entziehen zu können, hatte er sich allerdings getäuscht. Bereits nach wenigen Wochen war die Nachricht vom erfolgreichen Beutezug bis zu den Bermudainseln gedrungen, und die anderen Eigner der *Amity* schickten sogleich einen Bevollmächtigten nach Rhode Island, um ihren Anteil an der Beute einzufordern. Ohne Umstände zahlte Tew die Teilhaber aus. Je nach Wert ihrer Einlage bekamen sie zwischen siebenhundert und dreitausend Pfund Sterling. Als Begründung für den Kurswechsel nach

Rhode Island mußte ein Sprung im Mast herhalten, der ein Anlaufen des Heimathafens angeblich verhindert hatte.[2] Angesichts der üppigen Beute dürften die Anteilseigner dieser dubiosen Geschichte aber nicht weiter nachgegangen sein.

Tew hatte nicht nur eine ungeheuer einträgliche Reise unternommen, er hatte auch den Weg zu scheinbar grenzenlosen Reichtümern gewiesen, die im Roten Meer und im Indischen Ozean nur darauf warten würden, in Besitz genommen zu werden. Im Kielwasser seiner vermeintlichen Heldentaten riefen die Erzählungen von den unermeßlichen Schätzen, die an den fernen Küsten zu finden waren, eine Art Rotmeerfieber hervor. Als Tew im September 1694 die *Amity* für eine zweite Fahrt in den Osten ausrüstete, brauchte er sich über die Bemannung seines Schiffes keine Gedanken zu machen. Aus allen Teilen des Landes kamen junge Männer, um auf der Schaluppe anzuheuern. Einige von ihnen waren Schuldner, die vor den Forderungen ihrer Gläubiger flohen, andere hatten sich gegen die Bezahlung der Überfahrt von England nach Amerika für vier bis sieben Jahre zur Arbeit auf den Feldern eines Großgrundbesitzers verpflichtet, der sie jetzt zu entkommen hofften. Die Mehrzahl von ihnen waren aber einfache Burschen, die auf den Spuren Tews an den legendären Schätzen des Ostens teilhaben wollten, weil sie in der Kolonie, die von einer kriegsbedingten Wirtschaftskrise schwer getroffen war, keine Perspektiven für ihre Zukunft sahen. Moralische Bedenken brauchte keiner von ihnen zu haben, denn die Mohren – wie man die dunkelhäutigen Muslime allgemein nannte – waren Ungläubige, und diese zu berauben oder gar zu töten, galt nicht als Sünde.

Einige Männer, die nach Newport kamen, um auf einem Kaperschiff ihr Glück zu suchen, waren sogar so arm, daß sie sich nicht einmal das Nötigste für eine solche Fahrt leisten konnten. Dazu gehörten mindestens ein wasserfester Mantel, einige Westen, Hemden, Kniebundhosen, Strümpfe, Schuhe und auch mehrere Hüte.

Außerdem war von jedem eine Handfeuerwaffe mit Munition, die den Besatzungsmitgliedern aus Sicherheitsgründen allerdings erst unmittelbar vor einem Kampf ausgehändigt wurde, zu bezahlen. Mit leeren Taschen dürfte für so manchen der Traum von der Teilnahme an einem erfolgreichen Beutezug bereits im Hafen von Newport ein vorzeitiges Ende gefunden haben. Doch nicht alle mittellosen Männer mußten zu Hause bleiben. Zumindest einige von ihnen konnten sich den fehlenden Betrag von anderen Seeleuten leihen. Dafür mußten sie sich allerdings verpflichten, später ein Viertel ihrer Beute an den Kreditgeber abzutreten.[3]

Auch manche Großkaufleute wurden von Phantasiebildern unermeßlicher Reichtümer gepackt und finanzierten gegen einen vertraglich zugesicherten Anteil an der erwarteten Beute weitere Kaperunternehmen. Dabei traten die Geldgeber nicht offen auf, sondern sie fungierten stets als stille Teilhaber, die sich hinter einem Mittelsmann versteckten. Keiner dieser Investoren wollte sich später vorhalten lassen, er habe mit seinem Kapital die Piraterie gefördert oder gar von ihr profitiert.

Einer der Männer, die offen ein Schiff für eine Kaperfahrt ausrüsteten, hieß John Bankes. Als ehemaliges Besatzungsmitglied der *Amity* hatte auch er am erfolgreichen Beutezug in das Rote Meer teilgenommen und war als reicher Mann nach Amerika zurückgekehrt. Im Gegensatz zu vielen seiner Gefährten verpraßte Bankes sein Geld aber nicht im Handumdrehen, sondern er steckte zumindest einen Teil der Beute gleich in ein weiteres Kaperunternehmen, mit dem er seinen Wohlstand noch zu mehren hoffte. Was einmal so reibungslos funktioniert hatte, sollte auch ein zweites Mal den gewünschten Profit abwerfen. Den Strapazen einer weiteren Fahrt rund um den halben Globus wollte Bankes sich allerdings nicht mehr unterziehen. Er beschränkte sich jetzt darauf, das Unternehmen zu organisieren.

Irgendwann im Herbst des Jahres 1694 folgte auch ein deutscher Seemann der Verlockung des Mohrengoldes und machte sich auf den Weg nach Rhode Island. Sein Name war Richard Sievers. Wie bei den meisten Seeleuten läßt sich sein Leben, bevor er als Pirat in den Akten der europäischen Seemächte erstmalig erwähnt wurde, nur in groben Zügen nachzeichnen. Wahrscheinlich ist er um 1660 in Hamburg oder im Umland der Stadt geboren und schon als Junge zur See geschickt worden.[4] In den folgenden Jahren dürfte Sievers vornehmlich auf englischen Schiffen gefahren sein, die damals die größte Handelsflotte auf den Weltmeeren ausmachten. Nach 1689 hatte er wohl auch in der Royal Navy gedient, die Seeleute aller Herren Länder – mit Ausnahme der Kriegsgegner aus Frankreich – in ihren Reihen beschäftigte. Auf welchem Schiff sich Sievers zuletzt verdingt hatte, ist nicht mehr festzustellen. Vermutlich war er aber aus irgendeinem anderen Hafen an der nordamerikanischen Küste oder der Karibik nach Rhode Island gekommen.

Als Richard Sievers im Hafen von Newport von Schiff zu Schiff ging und sich nach einer lukrativen Heuer umsah, traf er John Bankes, der noch erfahrene Seeleute für sein Unternehmen suchte. Die Männer waren sich bald einig, und Sievers wurde als Navigator, dem zweiten Mann an Bord, angeheuert. Das Kommando auf dem Schiff oblag einem undurchsichtigen Seemann namens Joseph Faro, der offenbar nur wenig Erfahrung auf hoher See aufweisen konnte. Möglicherweise war er von den Teilhabern als Vertrauensmann auf dem Schiff untergebracht worden, und seine Aufgabe bestand hauptsächlich darin, deren finanzielle Interessen vor den Unwägbarkeiten der langen Fahrt bis in das Rote Meer zu schützen.

Das Schiff, auf dem Sievers die nächsten Monate verbringen sollte, war schon recht alt. Es war ein kleiner Zweimaster von etwa achtzig Tonnen Verdrängung. Ein Glattdeck und eine rechteckige Heckpartie machten das Schiff als Bark kenntlich. Getakelt war die Bark mit Rahsegeln am Fockmast sowie einem Schratsegel am Großmast. Ursprünglich hatte das Schiff *Black Barque* geheißen, doch für die Kaperfahrt in den Indischen Ozean hatte John Bankes das Schiff anscheinend nach seinem in der Nähe von Newport gelegenen Heimatort auf den Namen *Portsmouth Adventure* umgetauft.

Mit ihrer Bewaffnung von nur sechs Kanonen war die Bark sicherlich nicht geeignet, eine offene Seeschlacht erfolgreich zu bestehen, aber in dieser Zeit der Überheblichkeit nahm man allgemein an, daß die Inder zur Verteidigung ihrer Schiffe gar nicht fähig waren.

Anfang Dezember füllte sich der Stauraum der *Portsmouth Adventure* nach und nach mit Fässern, Kisten und Säcken, in denen sich alle notwendigen Güter für einige Monate auf hoher See befanden. Jedes ankommende Besatzungsmitglied brachte darüber hinaus noch einige persönliche Habseligkeiten in einem einfachen Seesack oder einer großen Truhe an Bord. Unter der Aufsicht von Sievers mußten die Seeleute die Sachen an geeigneten Stellen im Rumpf verstauen. Dabei war peinlich genau darauf zu achten, daß das Schiff getrimmt war. Bei einer ungleichmäßigen Verteilung der Ladung bestand die Gefahr, daß die Bark sich nur schwer auf Kurs halten ließ und in einem Sturm sogar sinken konnte.

Vor dem Auslaufen des Schiffes waren noch einige Formalitäten zu erledigen. Um dem Unternehmen einen offiziellen Anstrich zu geben, benötigte John Bankes zunächst einen Kaperbrief. Der Ansprechpartner hierfür war der Vizegouverneur von Rhode Island, John Greene, der nichts Falsches darin sah, die darniederliegende Konjunktur seiner Kolonie durch den Zufluß von erbeuteten Schätzen aus Indien zu beleben. Später kamen Gerüchte auf, daß er sich von den Seeräubern bestechen ließ, aber ihm konnte nie etwas nachgewiesen werden. Am 10. Dezember stellte Greene jedenfalls eine Kriegskommission aus, welche die Besatzung der *Portsmouth Adventure* dazu ermächtigte, jedes französische Schiff anzugreifen, zu plündern und letztendlich auch zu versenken.

Am 16. Dezember waren die Vorbereitungen für die Fahrt so weit abgeschlossen, daß Sievers den Hafenmeister zum Schiff bestellte und sich von ihm eine Zollfreigabe ausstellen ließ.[5] Da die *Portsmouth Adventure* nur Proviant und keine Handelsgüter geladen hatte, war dieser Vorgang eine reine Formsache. Als Ziel ließ Sievers in dem Dokument die Kapverdischen Inseln eintragen, doch in Newport wußte jeder, daß die Reise viel weiter gehen sollte.

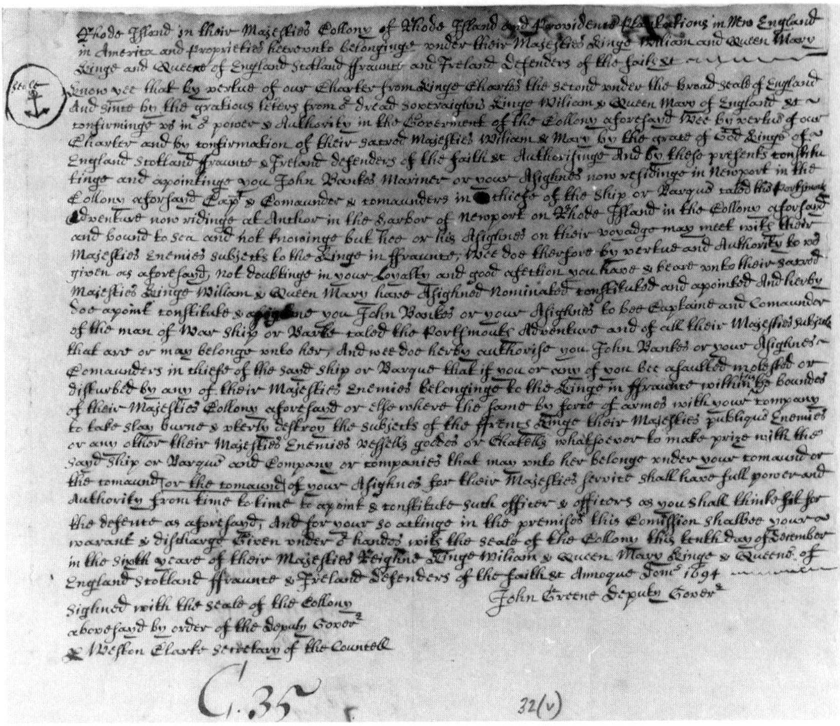
Rhode Island in their Majesties Collony of Rhode Island and Providence Plantations in New England
in America and Proprieties hereunto belonginge under their Majesties Kinge William and Queen Mary
Kinge and Queene of England Scotland ffraunce and Ireland Defenders of the faith &c
Know yee that by vertue of our Charter from Kinge Charles the second under the broad seale of England
And since by the gratious letters from o^r dread soveraigne Kinge William & Queen Mary of England &c
confirminge us in o^r power & Authority in the Goverment of the Collony aforesaid Wee by vertue of our
Charter and by confirmation of their sacred Majesties William & Mary by the grace of God Kinge of
England Scotland ffraunce & Ireland defenders of the faith &c Authorisinge And by these presents constitu-
tinge and apointinge you John Bankes Mariner or your Assignes now residinge in Newport in the
Collony aforesaid Capt & Comaunder & comaunders in chiefe of the Ship or Barque caled the Portsmouth
Adventure now ridinge at Anchor in the harbor of Newport on Rhode Island in the Collony aforesaid
and bound to sea and not knowinge but hee or his Assignes on their voyadge may meet with their
Majesties Enemies subjects to the Kinge in ffraunce, Wee doe therfore by vertue and Authority to us
given as aforesaid, not doubtinge in your Loyalty and good affection you have & beare unto their sacred
Majesties Kinge William & Queen Mary have Assigned Nominated constituted and apointed And herby
doe apoint constitute & [illegible] you John Bankes or your Assignes to bee Captaine and Comaunder
of the man of War Ship or Barke caled the Portsmouth Adventure and of all their Majesties subjects
that are or may belonge unto her, And wee doe herby authorise you John Bankes or your Assignes
Comaunders in chiefe of the said Ship or Barque that if you or any of you bee assaulted molested or
disturbed by any of their Majesties Enemies belonginge to the Kinge in ffraunce within the bounds
of their Majesties Collony aforesaid or elsewhere the same by force of armes with your company
to take slay burne & utterly destroy the subjects of the ffrench Kinge their Majesties publique Enemies
or any other their Majesties Enemies vessells goods or Chattells whatsoever to make prize with the
said Ship or Barque and Company or companies that may unto her belonge under your comaund or
the comaund or the comaund of your Assignes for their Majesties service shall have full power and
Authority from time to time to apoint & constitute such officer & officers as you shall thinke fit for
the defence as aforesaid, And for your so actinge in the premises this Comission shalbee your
warant & discharge Given under o^r handes with the seale of the Collony this tenth day of December
in the sixth yeare of their Majesties Reigne Kinge William & Queen Mary Kinge & Queene of
England Scotland ffraunce & Ireland defenders of the faith &c Annoque Dom^s 1694
John Greene Deputy Gover^r
Signed with the seale of the Collony
abovesaid by order of the Deputy Gover^r
Weston Clarke secretary of the Councell
C. 35
32(v)

2 *Eine Kopie der Kriegskommission für die* Portsmouth Adventure, *die John Greene für die Akten der Kolonialverwaltung angefertigt hat.*

Sobald die knapp sechzigköpfige Mannschaft vollständig am Schiff versammelt war, mußten alle Besatzungsmitglieder eine Art Standardvertrag unterzeichnen, der die finanziellen Aspekte der Fahrt genau regelte. Da die überwiegende Mehrheit der Seeleute kaum lesen oder gar schreiben konnte, wurden die Artikel des Vertrages einzeln verlesen, dann setzte jeder Seemann, angeführt von Joseph Faro und Richard Sievers, seine Unterschrift oder ein persönliches Zeichen – meist ein einfaches Kreuz – unter das Dokument.[6] Wie bei allen Kaperunternehmen galt auch auf der *Portsmouth Adventure* ausschließlich das Erfolgsprinzip: Eine Bezahlung der Seeleute erfolgte nur aus der erlangten Beute. Sollte das Schiff keine Prise machen, dann würde auch die Mannschaft leer ausgehen.

Selbst im Erfolgsfall war noch lange nicht gewährleistet, daß die Besatzungsmitglieder mit dem erhofften Lohn nach Amerika zurückkehren würden. Nach den Vertragsbedingungen hatten zunächst die im Kampf verletzten Schiffsangehörigen Anspruch auf eine Entschädigung, dann zog der Kapitän die Kosten für die Ausrüstung des Schiffes ab, und erst der verbleibende Rest wurde nach einem festgelegten Schlüssel auf die beteiligten Parteien verteilt. Dabei standen den Eignern des Schiffes in der Regel insgesamt zwanzig Anteile, dem Kapitän zweieinhalb, dem Navigator anderthalb und jedem einfachen Mitglied der Mannschaft ein Anteil an der Beute zu. Besonders belohnt wurden außerdem diejenigen Seeleute, die zuerst eine Prise erspäht hatten. Ihnen winkte eine Prämie von zwanzig Pfund Sterling.

Ferner sahen die Bestimmungen vor, daß Besatzungsmitglieder, die im Kampf feige oder betrunken waren, ihren gesamten Anteil an der Beute verlieren würden. Auch der Versuch, Beute vor der allgemeinen Verteilung zu verstecken, wurde mit dem Verlust des Anteils bestraft. Bei Befehlsverweigerung oder Meuterei sollte der Kapitän zusammen mit der Mannschaft über die Bestrafung entscheiden. Damit wurde der Besatzung eines Kaperschiffes in diesem wichtigen Punkt ein gehöriges Mitspracherecht zugestanden, das eine deutliche Abkehr von der sonst üblichen uneingeschränkten Macht des Kapitäns bedeutete.

Am 18. Dezember hatte die Mannschaft der *Portsmouth Adventure* eine letzte Gelegenheit, die Vorzüge des Lebens an Land zu genießen, denn am nächsten Morgen sollte es losgehen. Während zahlreiche Seeleute den Abend in den Spelunken der kleinen Stadt feierten, verabschiedeten sich die einheimischen Besatzungsmitglieder von ihren Nachbarn, Freunden und Familien. Für die meisten sollte es ein Abschied für immer sein.

Kapitel 1

Die Piratenroute in den Indischen Ozean

Am Mittwoch, dem 19. Dezember 1694 stach die *Portsmouth Adventure* in See. Kaum wurde die Bark von den ersten größeren Wellen erfaßt, da bereute wahrscheinlich schon so manches Besatzungsmitglied seine Entscheidung, auf dem kleinen Schiff angeheuert zu haben. Der eine oder andere an Bord litt sicherlich auch an der Seekrankheit, gegen die selbst befahrene Seeleute nicht gefeit waren. Doch jetzt gab es kein Zurück mehr. Die Männer waren praktisch Gefangene, die zusammengepfercht auf einigen schwankenden Holzplanken inmitten der endlosen Weiten des Atlantischen Ozeans eine Schicksalsgemeinschaft bildeten, aus der es kein Entrinnen gab.

Das Leben auf einem Kaperschiff spielte sich in einer kaum vorstellbaren Enge ab. Die beiden Decks der *Portsmouth Adventure* mußten nicht nur den etwa sechzig Seeleuten Platz bieten, sie waren auch vollgestellt mit allerlei Ladung und Ausrüstungsgegenständen, die ein Segelschiff mit sich führte. Auf dem Oberdeck fand die Mannschaft zwischen dem Gangspill, den Mastfischungen sowie den Kanonen nur wenig Bewegungsfreiheit. Viel Platz beanspruchte auch das Beiboot, das normalerweise am Schlepptau hinter dem Schiff hergezogen wurde, bei rauher See aber auf dem Oberdeck festgezurrt werden mußte, damit es nicht im Meer versank. In den ersten Wochen befanden sich auf der Bark außerdem noch zahlreiche Tiere – vor allem Schweine, Ziegen, Gänse und Hühner –, die erst im Laufe der Fahrt geschlachtet werden sollten.

Zum Schlafen mußten sich die Besatzungsmitglieder in das Unterdeck begeben, wo ständig der Geruch von Teer, Bilgewasser und verschimmeltem Segeltuch hing. Zudem drang durch die Luken nur wenig Licht in das Innere des Schiffes, so daß das Quartier der Mannschaft dauernd im Halbdunkel lag. Auch hier fanden die Seeleute kaum Platz, geschweige denn eine Privatsphäre. Zwischen den Verstrebungen und Spanten war eine Hängematte neben der anderen aufgehängt, die ständig im Rhythmus der See hin und her schwankten. Hatten die Männer keine Hängematte, so mußten sie auf dem Boden oder einem Segeltuch zwischen ihren wenigen persönlichen Habseligkeiten schlafen. Zum Verrichten der Notdurft gab es nur einen Eimer oder die Bordwand. An solche Verhältnisse waren die meisten aber schon von jeher gewöhnt.

Bereits vor dem Ablegen hatte Kapitän Faro die Besatzung in zwei Gruppen eingeteilt, die Steuerbord- und Backbordwache genannt wurden. Angeführt von einem Quartiermeister mußten sie jeweils vier Stunden lang alle anfallenden Arbeiten an Deck verrichten, danach hatten sie vier Stunden frei. Die Zeit zwischen vier Uhr nachmittags und acht Uhr abends war in zwei Wachen von je zwei Stunden aufgeteilt. Dadurch änderte sich jeden Tag der Plan, so daß keine der beiden Wachen ständig den unbeliebten Dienst von Mitternacht bis vier Uhr morgens übernehmen mußte. Ausgenommen vom Wechsel der Wachen waren nur die Spezialisten an Bord. Neben dem Kapitän und dem Navigator waren das der Schiffsarzt, der Koch und der Kanonier. Darüber hinaus gab es noch einen Bootsmann, der für den ordnungsgemäßen Zustand der Takelage und der Schiffsausrüstung verantwortlich war. Für die notwendigen Reparaturen waren ihm direkt ein Zimmermann und ein Schneider, der die Aufgabe eines Segelmachers übernahm, unterstellt.[7]

Die Arbeit auf einem Segelschiff bestand hauptsächlich aus dem tagtäglichen Verrichten immer wiederkehrender Tätigkeiten. Ständig waren einige Besatzungsmitglieder dazu abgestellt, die Segel nach dem Wind zu trimmen, indem sie die entsprechenden Brassen und Schoten entweder fester zogen oder etwas lockerten. Andere mußten bei jedem Wind und Wetter an den Wanten die Masten hinaufklettern, um Segel zu setzen oder sie wieder einzuholen. Daneben waren unter Anleitung des Bootsmannes oftmals irgendwelche Ausbesserungen in der Takelage durchzuführen. Wenn die Mannschaft der *Portsmouth Adventure* nicht mit den Tauen oder den Segeln beschäftigt war, mußte sie unter Anleitung des Kanoniers lernen, wie die Geschütze im Kampf zu bedienen waren. Auf vielen Kriegsschiffen gehörte der Kanonendrill sogar zu den täglichen Pflichten. Die Kommandanten wußten, daß im Ernstfall von der Beherrschung der Geschütze das Schicksal des Schiffes mitsamt seiner Besatzung abhängen konnte.

Trotz dieser Fülle von Aufgaben war die Arbeit auf einem Kaperschiff normalerweise leichter als bei der Handelsmarine. Da die Besitzer von Frachtschiffen nicht mehr Seeleute als unbedingt notwendig bezahlen wollten, ließen sie nur ein Mindestmaß an Besatzungsmitgliedern anheuern. Entsprechend vielfältig und anstrengend war die Arbeit auf den oft schwer beladenen Schiffen. Die Bemannung eines Kapers orientierte sich hingegen genauso wie bei der Kriegsmarine an der Kampfstärke des Schiffes. Und dabei galt: Je mehr Männer an Bord waren, desto größer die Chance, aus einem Gefecht als Sieger hervorzugehen. Doch auch Verluste durch Kampf, Unfall und Krankheit mußten einkalkuliert werden. Seefahrt war nicht nur ein hartes, sondern auch ein erbarmungsloses und immer lebensgefährliches Unterfangen.

Während sich die *Portsmouth Adventure* langsam ihren Weg durch die rauhe See des Atlantischen Ozeans bahnte, mußte ein Ausguck auf einem Mast oder dem Oberdeck ständig den Horizont nach anderen Schiffen absuchen. Im Krieg konnte jedes fremde Segel, das in der Ferne auftauchte, ein schwerbewaffneter Feind sein. Die größte Bedrohung für die Engländer ging allerdings nicht von der französischen Kriegsmarine aus, denn die wurde nach einer vernichtenden Niederlage in der Seeschlacht von La Hogue 1692 kaum noch im Atlantik eingesetzt. Statt dessen lauerten unzählige Kaperschiffe an den Hauptschiffahrtslinien auf ihre Opfer. Bis zum Kriegsende konnten sie dem Handel der nordamerikanischen Kolonien immer wieder schwere Verluste zufügen.

Die größte Verantwortung auf der *Portsmouth Adventure* trug zweifellos Richard Sievers. Zwar bestimmte der Kapitän das Ziel der Fahrt, doch für den Kurs war allein der Navigator zuständig. Dazu mußte Sievers nicht nur dem Rudergänger die notwendigen Befehle geben, sondern er bestimmte auch, welche Segel gesetzt oder wieder eingeholt wurden. Diese Aufgabe verlangte umfassende Kenntnisse von Wind und Wetter, die man sich nur durch jahrelange Erfahrungen auf hoher See aneignen konnte. Sievers sollte schon bald den Beweis erbringen, daß er solche Fähigkeiten besaß.

Die schwierigste Aufgabe eines Navigators bestand darin, jeden Tag gegen Mittag die Position des Schiffes zu bestimmen, die dann im Logbuch festgehalten wurde. Dafür standen Sievers nur wenige präzise Instrumente und Seekarten zur Verfügung. Während die Berechnung des Breitengrades – also die Entfernung zum Äquator – mit Hilfe eines Quadranten, der die Stellung der Himmelskörper über dem Horizont maß, bereits recht exakt möglich war, ließ sich der Längengrad bestenfalls annäherungsweise ermitteln. In der Regel behalfen sich Navigatoren damit, daß sie versuchten, diesen durch die geographische Höhe und die zurückgelegte Distanz zu errechnen.[8] Natürlich war das eine höchst unsichere Methode, die beispielsweise die Abdrift durch Wind und Strömung ganz außer Betracht ließ. Folglich kam es immer wieder zu schwerwiegenden Navigationsfehlern, die manchmal sogar zum Schiffbruch geführt haben.

Der Kurs, den Sievers am Kartentisch ausarbeitete, stellte nur selten den kürzesten Weg zum Etappenziel dar. Die Route eines Segelschiffes hing in erster Linie von den vorherrschenden Winden ab. Um nicht für längere Zeit gegen den Wind kreuzen zu müssen, wählten die Navigatoren oftmals große Umwege. Da der Nordatlantik in einer ausgeprägten Westwindzone liegt, ließ Sievers die *Portsmouth Adventure* zunächst in östlicher, später dann immer mehr in südlicher Richtung steuern. Das Ziel der ersten Etappe war die Küste Nordwestafrikas.

Für die befahrenen Besatzungsmitglieder gehörte eine Überquerung des Atlantischen Ozeans schon zur seemännischen Routine. Sie wußten um die zahlreichen Unannehmlichkeiten und Gefahren, denen die Mannschaft auf hoher See ausgesetzt war. Vor allem die winterlichen Stürme machten den Seeleuten zu schaffen. Bei schwerem Seegang schlugen die Wellen durch die Luken in das Unterdeck, und wenn das Innere eines Schiffes erst einmal feucht war, wurde es kaum wieder trocken. Als Folge der Kälte und der ständigen Feuchtigkeit hatten die Männer auf ihrem Weg nach Afrika wahrscheinlich arg unter Krämpfen und Erkältungen zu leiden, die durch einen Mangel an trockener Kleidung sowie durch die Knochenarbeit in der Takelage noch verschlimmert wurden.

Auch die Verpflegung an Bord war sicherlich nicht dazu geeignet, bei den Seeleuten Wohlbefinden zu erzeugen. Der Speiseplan bot nur wenig Abwechslung vom täglichen Einerlei. Immer wieder bekam die Mannschaft gepökeltes Rind- oder Schweinefleisch mit Erbsen vorgesetzt. Dazu gab es harten Schiffszwieback und gelegentlich etwas Butter oder Käse. Die Qualität der Kost war im allgemeinen miserabel. Das Fleisch war oft verdorben, und im Zwieback wimmelte es schon bald von schwarzköpfigen Maden. Zum Trinken stand jedem Besatzungsmitglied eine tägliche Ration von etwa vier

Litern Dünnbier zu. Nach einigen Monaten auf See war der Gerstensaft allerdings so sauer, daß man ihn kaum noch trinken konnte. Wollten die Männer dann nicht mit dem zumeist stinkenden Wasser vorliebnehmen, so bestand auch die Möglichkeit, zusätzlichen Alkohol zu kaufen. Neben Bier hatten Kaperschiffe immer einige Fässer Rum oder Brandy an Bord, deren Inhalt nur gegen bare Münze an die Mannschaft ausgegeben wurde. So hofften die Eigner des Schiffes, den Seeleuten auf einer erfolgreichen Kaperfahrt ihren Anteil an der Beute gleich wieder aus der Tasche zu ziehen.

Je länger die Fahrt durch die Dünung des Atlantischen Ozeans andauerte, desto desolater wurden auch die hygienischen Verhältnisse an Bord. Die Decks wurden zwar regelmäßig mit Meerwasser geschrubbt, aber nichts konnte der Anhäufung von Schmutz sowie der Vermehrung von Ungeziefer aller Art wirksam Einhalt gebieten. Auf einem Segelschiff gab es zahlreiche Winkel und Ritzen, die nie gereinigt oder getrocknet werden konnten. Tief im ständig dunklen Rumpf sammelten sich zudem Bilgewasser und Dreck an und bildeten einen idealen Nährboden für unzählige Wanzen, Kakerlaken und Ratten, die im Laufe der Zeit immer weiter in den Lebensbereich der Seeleute vordrangen. Den Männern blieb nichts anderes übrig, als die lästigen Begleiter, wo immer sie auftraten, totzuschlagen. Eine wirksame Bekämpfung dieser Plage war auf hoher See nicht möglich.

Ungefähr fünf Wochen nach dem Auslaufen erreichte das Schiff die Kapverdischen Inseln. Seit den Entdeckungsfahrten der Portugiesen im späten 15. Jahrhundert waren die aus wenig mehr als kargen Ebenen und zerklüfteten Felsen bestehenden Inseln ein wich-

3 Eine Ansicht der Bucht von Praia aus dem Jahr 1688. Im 17. Jahrhundert vertrieben sich viele Seefahrer die Langeweile an Bord beim Zeichnen von Küstenansichten. Dieses Bild stammt von Kapitän John Kempthorne, der auf seinen Fahrten rund um den Globus mehrere Bücher voll von Zeichnungen anfertigte.

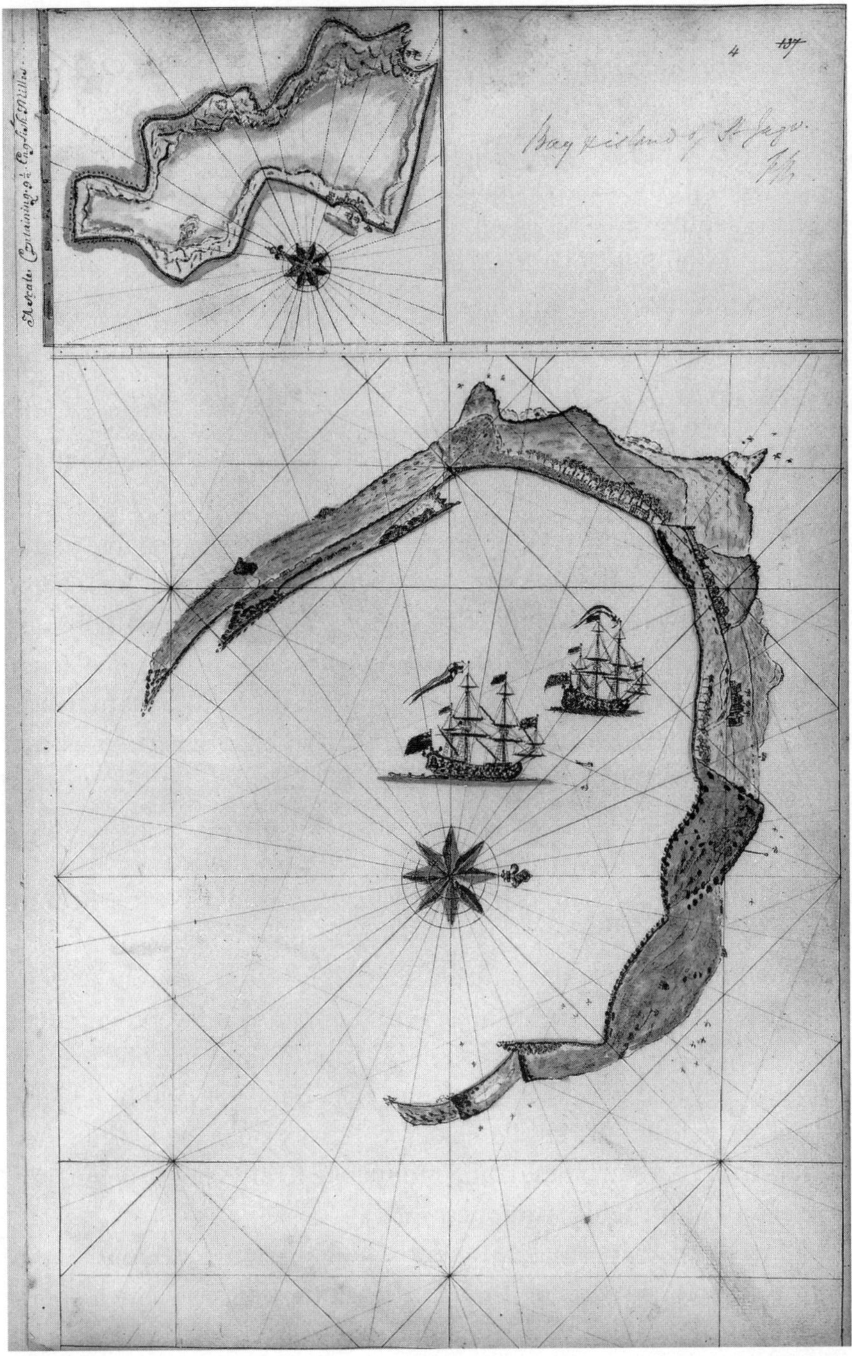
A Scale Containing 2½ English Milles
4 137
Bay & island of St Jago

tiger Versorgungspunkt auf dem Weg ins südliche Afrika. Auch die *Portsmouth Adventure* mußte hier ihre Vorräte erneuern. Nach dem Passieren einiger kleiner Eilande dürfte Sievers zunächst Maio, Boa Vista oder vielleicht auch Sal angesteuert haben. Die Küsten dieser Inseln waren mit zahlreichen Salinen gesäumt, in denen Salz von hervorragender Qualität gewonnen wurde. Da man Fleisch zu dieser Zeit nur durch Pökeln haltbar machen konnte, nahmen die meisten vorbeikommenden Schiffe hier einige Bootsladungen Meersalz an Bord. Dafür war nur ein geringes Entgelt an die ärmlichen Arbeiter zu entrichten, manchmal gaben sie sich auch schon mit ein paar abgetragenen Kleidungsstücken zufrieden.

Wenig später segelte die *Portsmouth Adventure* zur nahen Vulkaninsel São Tiago, an deren Südseite es eine geschützte Ankerstelle gab, die regelmäßig von den Schiffen der europäischen Seemächte angelaufen wurde. Am Eingang der Bucht befand sich eine nur aus einem einfachen Erdwall bestehende Befestigung, die durch vier alte Kanonen notdürftig gegen Angriffe von See her gesichert war. Gleich daneben gab es eine Kokospalmenplantage, in deren Schatten sich das Haus des portugiesischen Gouverneurs verbarg. Überragt wurde die malerische Bucht von einem flachen Tafelberg, auf dem das kleine Dorf Praia lag.

Nur etwa zwanzig Schritte vom Ufer entfernt fanden die Seeleute einen Brunnen, an dem sich die Wasservorräte der Bark erneuern ließen. Zu diesem Zweck mußten die großen Holzfässer, die wegen ihres immensen Gewichts mittschiffs im Laderaum verstaut waren, mit einer Spill ins Beiboot gehievt und dann an den Strand gerudert werden. An Land wurden die Fässer bis zum Brunnen gerollt, gründlich gereinigt und anschließend Eimer für Eimer mit dem brackigen Wasser aufgefüllt. Waren die Fässer voll, so wogen sie bis zu einer halben Tonne, und die Besatzung mußte alle Kräfte mobilisieren, um sie wieder tief im Schiffsrumpf zu verstauen.

In Praia fristeten einige Hundert dunkelhäutige Bewohner ein recht bescheidenes Dasein. Ihren Lebensunterhalt verdienten sie in erster Linie durch den Verkauf von Proviant an europäische Seefahrer. Sie hatten aber auch den Ruf, ihre spärlichen Einkünfte gerne durch kleinere Diebstähle und Betrügereien zu verbessern.[9] Als die ersten Besatzungsmitglieder der *Portsmouth Adventure* in das Dorf gingen, kamen wahrscheinlich gleich einige Einheimische auf sie zu und boten ihnen Ziegen sowie verschiedene Früchte wie Melonen, Orangen, Limonen und Kokosnüsse zum Kauf an. Besonders geschätzt war auch der süße Wein, der mit Wasser verdünnt in den nächsten Wochen den kargen Speiseplan der Seeleute bereichern sollte. Bezahlt wurden die Waren aus der Schiffskasse, aber die Männer konnten sich natürlich auch selbst zusätzliche Nahrungsmittel zulegen.

Nachdem die *Portsmouth Adventure* verproviantiert war, begann die nächste Etappe gleich mit einer äußerst mühsamen Arbeit: Jede freie Hand mußte am Gangspill mitschieben, um den Anker und die aus dicken Hanfseilen bestehende Trosse wieder einzuholen. Je nach Länge der Ankertrosse konnte diese Schufterei bis zu einer Stunde dauern, erst dann ließ Sievers die Segel setzen, und die Bark machte sich wieder auf den Weg zum Indischen Ozean.

Im Südatlantik lag für den Navigator der schwierigste Teil der Route. Zunächst mußte das Schiff dem Nordostpassat folgend in Richtung brasilianische Küste gesteuert werden. Würde Sievers den direkten Weg zum Kap der Guten Hoffnung einschlagen, so bestand die Gefahr, daß die *Portsmouth Adventure* in den Golf von Guinea abgetrieben würde und gegen die dort vorherrschenden südlichen Winde nur noch sehr schwer vorankäme. An einer solchen kritischen Passage mußte sich auch ein so erfahrener Seemann wie Sievers in erster Linie auf sein Gefühl verlassen. Keine Karte wies den Kurs durch dieses Seegebiet, nur die ständige Beobachtung von Wind und Wetter, aber natürlich auch ein wenig Glück führten das Schiff schließlich näher zum Ziel.

Wenig später gelangte die *Portsmouth Adventure* in die äquatorialen Kalmen. Aufgrund geringer Luftdruckgegensätze ließ der Wind immer mehr nach, bis die See schließlich glatt wie ein Spiegel da lag. In der Flaute hingen die Segel nur noch schlaff von den Rahen herab, und das Schiff machte kaum noch Fahrt. Oftmals war nicht einmal der geringste Hauch zu spüren. Die Seeleute litten nun unter einer zumeist schwülen Hitze, und jede noch so schwache Brise wurde mit Erleichterung aufgenommen. Ein wenig Abkühlung brachte auch der Regen, der fast täglich über dem Schiff und seiner geplagten Mannschaft niederging. In der Nähe von Schauern konnten allerdings völlig unvermittelt stürmische Böen auftreten, die besonders dem Navigator ein außerordentliches Maß an Aufmerksamkeit und Vorsicht abverlangten.

Die Besatzungen vieler Schiffe vertrieben sich die anhaltende Langeweile in den Kalmen beim Würfeln oder beim Kartenspiel. Um die Vorräte an Bord zu schonen, warf man hin und wieder auch eine Angel aus. Auf hoher See ließen sich zahlreiche Bonitos, Tümmler oder Thunfische fangen. Auch ein Hai dürfte den Seeleuten gelegentlich an die Angel gegangen sein. Allerdings konnte man von Haien nur die Schwanzflosse verspeisen, der Rest war ungenießbar. Viel schmackhafter und auch leichter zu fangen waren die sogenannten fliegenden Fische, die sich durch meterlange Sprünge aus dem Wasser fortbewegten. Während der Fahrt fielen Hunderte dieser kleinen Tiere auf das Deck und mußten von der Mannschaft nur eingesammelt werden. Sie stellten eine willkommene Bereicherung der sonst so dürftigen Kost dar.

Mit einem Netz konnten die Männer auch die in tropischen Gewässern weit verbreiteten Meeresschildkröten fangen. Im Schiffsrumpf ließen sich die Tiere so lange am Leben halten, bis der Koch sie schließlich schlachtete. Der Verzehr von Schildkrötenfleisch barg aber auch eine Gefahr: Zahlreiche Seefahrer berichteten von heftigem Durchfall, der sie nach einem ausgiebigen Schildkrötenmahl befiel. Auch wenn diese Folgen allgemein bekannt waren, dürften sie einen ausgezehrten Seemann kaum vom Genuß des frischen und äußerst schmackhaften Fleisches abgehalten haben.

Eine der wenigen Gelegenheiten, die eine Abwechslung in den monotonen Alltag auf See brachten, waren Äquatortaufen. Nach alter Seefahrertradition nahm die Mannschaft eines jeden Schiffes das Erreichen der Südhalbkugel zum Anlaß, ein rauschendes Fest zu feiern. Die Zeremonie lief immer nach dem gleichen Schema ab: Zunächst bildeten die ältesten Besatzungsmitglieder eine Art Gericht, vor dem nach und nach alle Seeleute daraufhin verhört wurden, ob sie den Äquator auf einer früheren Fahrt schon überquert hatten. Jeder Seemann, der zum ersten Mal diese Route fuhr, wurde routinemäßig dazu verurteilt, eine Flasche hochprozentigen Alkohol auszugeben. Hatten die Verurteilten nicht genügend Geld, um ihre durstigen Kameraden mit den ersehnten Getränken zu versorgen, so mußten sie sich einer rituellen Taufe im Ozean unterziehen. Zu diesem Zweck wurden die Männer mit einem Tau eine Rah hochgezogen und dann dreimal hintereinander ins Wasser geworfen. Anschließend wurde den auf diese Weise getauften Seeleuten gestattet, mit dem Rest der Mannschaft zu feiern.[10] Nicht selten artete eine solche Zeremonie zu einem wilden Besäufnis aus, zumal der Alkohol im tropischen Klima eine besonders starke Wirkung zeigt.

Das Zusammenleben auf einem Kaperschiff wie der *Portsmouth Adventure* lief natürlich nicht immer reibungslos ab. In der gedrängten Enge und der oftmals brütenden Hitze entstanden zwischen den Seeleuten leicht Spannungen und Streitereien, die sich ab und zu in einer Prügelei entluden. Solche Gelegenheiten sorgten nicht nur für eine rüde Form der Unterhaltung an Bord, sie dienten auch dem Abbau von Aggressionen und hatten somit eine wichtige soziale Funktion. So wurden die Streithähne für gewöhnlich erst getrennt, wenn der Kampf entschieden war. Nur wenn die Sicherheit des Schiffes gefährdet schien, beendeten die Quartiermeister den Kampf und ermahnten die Kontrahenten, ihren Streit beizulegen. War das nicht möglich, so gab es nur noch eine Lösung: Beim nächsten Landgang mußten die Männer ein Duell auf Leben und Tod austragen.[11]

Die Seeleute hatten kaum die Kalmen hinter sich gelassen, da erreichte die *Portsmouth Adventure* schon die nächste kritische Passage. Als sich das Schiff Kap São Roque im Nordosten Südamerikas näherte, mußte Sievers darauf achten, daß der Kurs nicht allzu weit westlich lag, denn sonst würde die Bark unweigerlich in die Karibik abgetrieben werden. Das Windsystem im Südatlantik verzieh keine Navigationsfehler. Wieder war bei der Bestimmung der Route neben Erfahrung auch ein gehöriges Maß an Fingerspitzengefühl erforderlich. In den folgenden Wochen steuerte Sievers das Schiff parallel zur brasilianischen Küste in Richtung Süden. Erst bei etwa dreißig Grad südlicher Breite gelangte die *Portsmouth Adventure* in eine Westwindzone. Nun endlich konnte Sievers eine Kursänderung nach Osten vornehmen, und das kleine Schiff lief in einem großen Bogen um das Kap der Guten Hoffnung herum in den Indischen Ozean.

Seit 1652 gab es am Kap eine niederländische Kolonie, die ursprünglich als Versorgungsstation für die nach Indien fahrenden Schiffe gegründet worden war. Obwohl die Holländer im ausgehenden 17. Jahrhundert Kriegsverbündete Englands waren, mieden die Kaperschiffe aus den nordamerikanischen Kolonien in der Regel einen Aufenthalt am Kap. Offenbar befürchteten sie, daß hier ihre dubiosen Legitimationen überprüft werden könnten. Die dabei zu gewärtigenden Schwierigkeiten konnte sich jeder Kapitän leicht ausmalen. So segelten die Kaperschiffe bis nach Madagaskar oder zu den Komoren weiter, wo die europäischen Seemächte bislang noch nicht Fuß gefaßt hatten. Auf den Inseln würde niemand nach dem Ziel der Reise fragen, und außerdem war der Proviant dort auch viel preiswerter.

Bereits einige Wochen bevor die *Portsmouth Adventure* den Indischen Ozean erreichte, dürften an Bord erste Fälle von Skorbut aufgetreten sein. Die Symptome waren allen Seeleuten wohlbekannt: Zuerst wurden die ausgemergelten Besatzungsmitglieder lethargisch, dann traten am Gaumen schmerzhafte Entzündungen auf, und das Zahnfleisch begann zu verfaulen. Den Betroffenen blieb nichts übrig, als das entzündete Fleisch herauszuschneiden und die Wunden so gut wie möglich zu desinfizieren. Wenn nichts anderes vorhanden war, nahm man dafür einfach Urin. Etwa zur gleichen Zeit entstanden

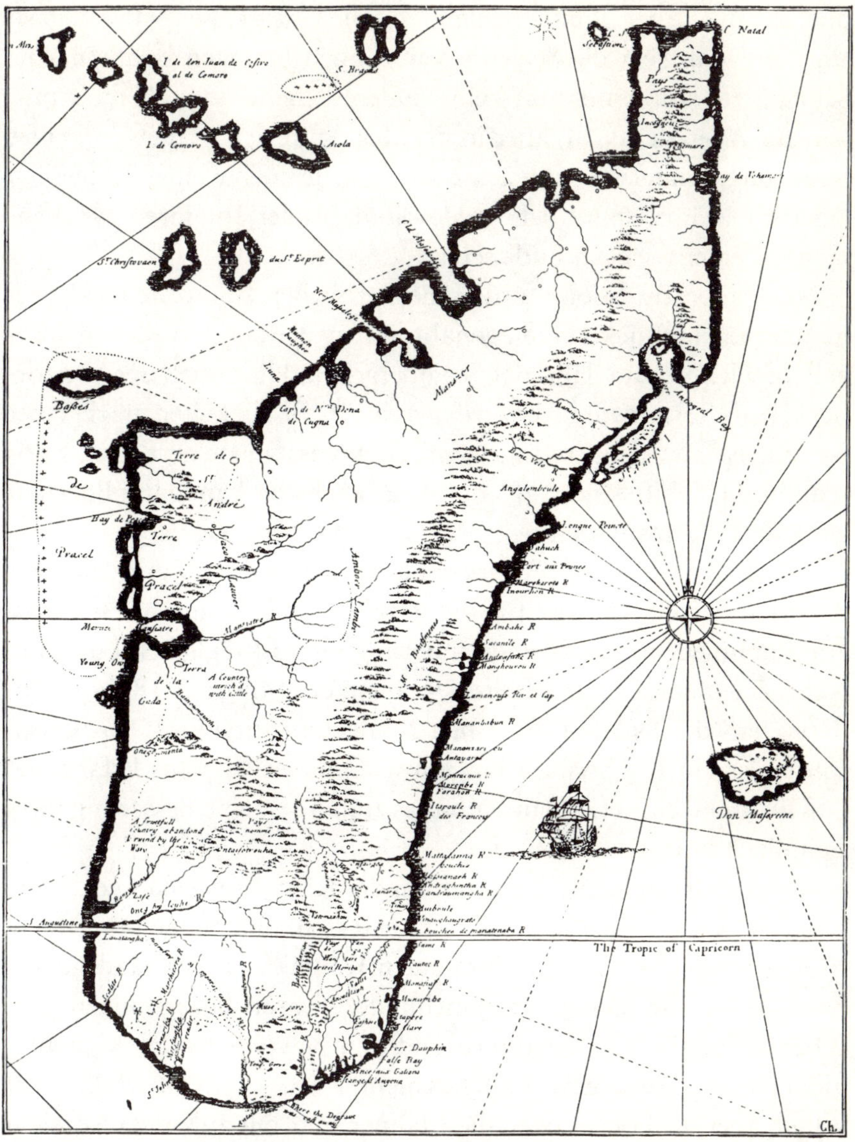

4 *Eine englische Kopie einer bemerkenswert genauen Madagaskar-Karte des berühmten Kartographen Joan Bleau aus dem Jahr 1665.*

überall am Körper dunkle Beulen, und die Gliedmaßen schwollen so stark an, daß sich die Seeleute kaum noch bewegen konnten. Die Schiffsärzte wußten darauf keine andere Behandlung, als die Kranken zur Ader zu lassen, aber in der Regel führte das auch zu keiner Besserung, sondern es schwächte die Seeleute noch weiter. Schließlich lagen die Männer nur noch im Delirium, bis der Tod ihrem wochenlangen Leidensweg ein Ende setzte.[12]

Nach alter Tradition wurden die sterblichen Überreste eines Seemannes in ein Stück Leinen genäht, mit zwei oder drei Kanonenkugeln beschwert und dann der See übergeben. Hinterließ der Verstorbene kein Testament, so wurden seine Habseligkeiten nach einer Schamfrist von einigen Tagen am Fockmast versteigert. Der Erlös kam in die Schiffskasse, aus der beim nächsten Landgang Proviant gekauft werden sollte.

Als die *Portsmouth Adventure* im April 1695 die Westküste Madagaskars erreichte, war für die kranken und ausgezehrten Besatzungsmitglieder endlich eine Linderung ihrer unsäglichen Leiden in Sicht. Zwar entdeckten Mediziner erst in der Mitte des 18. Jahrhunderts, daß der Skorbut auf einen Mangel an Vitamin C zurückzuführen ist, doch schon seit langem wußten Seeleute aus Erfahrung, daß während eines Landaufenthaltes zumindest eine Besserung ihres Befindens eintrat.

Kurze Zeit nachdem das Schiff an der Küste vor Anker gegangen war, ließ Joseph Faro das Beiboot aussetzen, und einige bewaffnete Männer ruderten an Land, um einen Kontakt zu den Madegassen herzustellen. Im späten 17. Jahrhundert waren Begegnungen zwischen europäischen Seefahrern und den Bewohnern der Küstenregionen nichts Außergewöhnliches mehr. Zwar waren Überfälle recht selten, aber dennoch gingen die Männer stets mit äußerster Vorsicht an Land. Stießen die Seeleute auf die ersten Inselbewohner, so schickten sie dem Stammeshäuptling erst einmal ein kleines Geschenk, meistens eine Muskete oder ein Paar Pistolen. In der Regel erwiderten die Einheimischen diese Geste, indem sie ihrerseits einen stattlichen Ochsen zum Schiff brachten. Einige der Madegassen sprachen sogar ein wenig Englisch oder Portugiesisch, so daß die Verständigung kein allzu großes Hindernis darstellte.

Wenig später konnten die kranken Besatzungsmitglieder an Land gebracht werden. Ihnen blieb nichts übrig, als sich aus Segeltüchern einige Zelte zu bauen und auf eine baldige Genesung zu warten. Der Rest der Mannschaft wurde unterdessen für verschiedene Tätigkeiten eingeteilt. Eine der wichtigsten Aufgaben bestand im Schlagen von Feuerholz, mit dem der Herd auf der *Portsmouth Adventure* beheizt wurde. So zogen einige Seeleute in die Wälder, die nur wenige Schritte vom Ufer begannen, und sammelten dort das nötige Brennmaterial für die nächsten Monate auf See.

Während das Schiff an der Küste vor Anker lag, schickte der Kommandant hin und wieder das Boot an Land, um Lebensmittel zu kaufen. Die Madegassen boten Rinder, Geflügel, Reis, Jamswurzeln und Zitrusfrüchte an. Im Tausch gegen die oft großen Mengen Proviant, die von den Besuchern benötigt wurden, verlangten sie vor allem Messer, Scheren, Fernrohre und andere nützliche Dinge des täglichen Bedarfs, aber auch die in Europa gängigen Silber- und Goldmünzen standen in dieser abgelegenen Region der Erde schon hoch im Kurs.[13] Die Zeiten, in denen europäische Seefahrer an fernen Küsten landeten und dort von den Eingeborenen reich beschenkt wurden, waren längst vorüber – wenn es sie überhaupt jemals gegeben hat.

Nach der langen Fahrt mußte die *Portsmouth Adventure* an der Küste Madagaskars gründlich gereinigt und gegebenenfalls auch repariert werden. Unter der Wasserlinie eines jeden Schiffes wuchs mit der Zeit eine dicke Schicht aus Seepocken, Muscheln, Krebsen und verschiedenen Pflanzen, die sowohl die Geschwindigkeit als auch die Manövrierfähigkeit stark einschränkte. Darüber hinaus bestand besonders in tropischen Gewässern die Gefahr, daß die Schiffsbohrwürmer Löcher in die Planken fraßen, so daß der Rumpf irgendwann leckschlagen konnte.

5 Ein Schiff wird auf dem Strand gekielholt, während sich einige Seeleute in einem Zelt die Zeit vertreiben. Die Darstellung stammt aus einer Ausgabe der General History of the Pyrates *von 1734.*

Zum Kielholen eines Schiffes von der Größe der *Portsmouth Adventure* wurde jeder Mann gebraucht. Zunächst mußten die Seeleute ihr Schiff so weit wie möglich entladen. Allein diese Arbeit dauerte normalerweise mehrere Tage. Im Anschluß daran wurde die Bark vorsichtig auf den Strand gesetzt und mit Hilfe von an den Masten befestigten Seilen auf die Seite gelegt. So konnte man den Bewuchs abkratzen oder abbrennen, die Fugen kalfatern und notfalls auch brüchige Planken ersetzen. Nachdem der Rumpf gereinigt war, mußte er mit einer Schutzschicht aus Teer, Talg und Schwefel bestrichen werden. Danach wurde das Schiff auf die andere Seite gelegt und die gesamte Prozedur wiederholt. Aus Mangel an geeignetem Material sowie unter ungünstigen Umständen beließen es Piraten jedoch oft bei provisorischen Reinigungen. Die Folge war, daß die Seetüchtigkeit ihrer Schiffe bald deutlich nachließ, manche mußten sogar an einem einsamen Strand irgendwo in der Ferne aufgegeben werden. Die *Portsmouth Adventure* sollte der Mannschaft allerdings noch für einige Zeit gute Dienste leisten.

Kapitel 2

Der Überfall auf die Pilgerflotte

Als das Schiff gründlich überholt und alle Besatzungsmitglieder wieder bei Kräften waren, segelte die *Portsmouth Adventure* gegen Ende Mai 1695 weiter in Richtung Rotes Meer. Da die Winde im nördlichen Indischen Ozean einem stetigen jahreszeitlichen Wechsel unterlagen, mußten die Routen, auf denen die Schiffe diese Region durchsegelten, auf die saisonalen Änderungen genau abgestimmt werden. Bis vor kurzem hatte noch der aus dem Himalaja kommende Nordostmonsun vorgeherrscht, doch nun drehten die Winde, und der Südwestmonsun dominierte bis Ende September das Wettergeschehen. Mit dieser beständigen Brise in den Segeln sollte die Bark in wenigen Wochen ihr Ziel erreichen.

Sievers und seine Mannschaft waren erst ein paar Tage auf See, da sichtete der Ausguck ein kleines zweimastiges Schiff, das sich ebenfalls auf einem nördlichen Kurs befand. Das Schiff kam schnell näher, und auf Zuruf erfuhren die Seeleute dann, daß es die von

Richard Want kommandierte *Dolphin* war. Der Kapitän berichtete, daß es sich bei dem Schiff um eine spanische Prise handelte, die heimlich in den Sümpfen bei Philadelphia ausgerüstet worden war, um einen Beutezug in den Osten zu unternehmen. Die *Dolphin* war aber schon so alt und leck, daß die Seeleute ständig die Pumpen bedienen mußten, um den Wasserstand in der Bilge niedrig zu halten. Da beide Schiffe das gleiche Ziel ansteuerten, verständigten sich die Kommandanten darauf, gemeinsam weiter zum Roten Meer zu segeln.[14]

Mitte Juni umrundeten die Schiffe Kap Guardafui am Horn von Afrika. Jetzt waren sie nur noch wenige Tage vom Eingang des Roten Meeres entfernt. Plötzlich entdeckten die Seeleute einen dreimastigen Rahsegler am Horizont. Als das große Schiff immer näher kam, ließ sich bald eine englische Flagge ausmachen. Doch das bedeutete in Kriegszeiten nicht viel. Die meisten Schiffe führten einen Satz Flaggen aller europäischen Seemächte mit sich, die je nach Einschätzung des Gegenübers gehißt wurden. So hofften die Kapitäne, ein feindliches Schiff über ihre Herkunft zu täuschen und es unter Umständen leicht aufbringen zu können. Aber auch Seeräuber segelten oft unter falscher Flagge. Und hier handelte es sich um Piraten.

Das mit sechsundvierzig Geschützen bestückte Schiff kam ursprünglich aus England und hatte bereits eine abenteuerliche Fahrt hinter sich. Im Sommer 1693 war die *Charles II* von einem privaten Konsortium gechartert worden, um die Spanier im Kampf gegen die Franzosen in der Karibik zu unterstützen. Als das Schiff bereits mehrere Monate im Hafen von La Coruña an der galizischen Küste lag, ohne daß die Besatzung ihre Heuer ausgezahlt bekam, gelang es einigen unzufriedenen Seeleuten, angeführt vom zweiten Maat Henry Every, in der Nacht zum 8. Mai 1694 das Schiff unter ihre Kontrolle zu bringen. Sie segelten auf das offene Meer hinaus, und bei Tagesanbruch wurde die versammelte Mannschaft vor die

Wahl gestellt, entweder an Bord zu bleiben oder mit Kapitän Gibson an Land zu rudern, was schließlich nur sechzehn von knapp über hundert Seeleuten taten.

Die Meuterer wählten Every zu ihrem neuen Kapitän, und in den folgenden Wochen steuerten sie ihr in *Fancy* umbenanntes Schiff entlang der afrikanischen Küste in Richtung Süden. Vor der Kapverdeninsel Maio konnten die Piraten drei auf Reede liegende englische Schiffe aufbringen, doch die Beute war nur gering. Um genügend Proviant für die Weiterfahrt zu erpressen, entführten die Seeleute den Gouverneur der Insel, bis die Bewohner schließlich die geforderten Waren lieferten. An der Küste Guineas lockte Every einige Einheimische unter dem Vorwand, mit ihnen handeln zu wollen, auf sein Schiff. Doch kaum waren die Afrikaner an Bord geklettert, da nahmen ihnen die Piraten ihr gesamtes Gold ab und machten die Unglücklichen auch noch zu ihren Sklaven.

Weiter südlich traf die *Fancy* auf zwei dänische Schiffe. Schnell entwickelte sich ein heftiges Gefecht, in dessen Verlauf beide in die Hände der Piraten fielen. Nachdem sie die hauptsächlich mit Elfenbein beladenen Schiffe geplündert und den größten Teil der Besatzung an Land ausgesetzt hatten, steckten die Räuber eine Prise in Brand und zogen die andere im Schlepp hinter sich her. Als später jedoch Streitigkeiten über das weitere Vorgehen entstanden, wurde auch dieses Schiff versenkt. Vor der Küste Angolas kaperten sie noch ein portugiesisches Sklavenschiff, das aber keine Wertsachen mit sich führte und deswegen seine Fahrt gleich fortsetzen durfte.

Im Dezember erreichte die *Fancy* die Komoreninsel Johanna – das spätere Anjouan –, wo die Piraten ein kleines Schiff aufbrachten, das aber nur Reis geladen hatte. Als plötzlich drei große englische Ostindienfahrer am Horizont auftauchten, ergriffen die Seeräuber die Flucht und segelten an die afrikanische Küste, kehrten jedoch nach einiger Zeit wieder zurück, um sich mit weiterem Proviant einzudecken. Dabei nahmen sie auch dreizehn französische Piraten an Bord, deren Schiff Monate zuvor auf der Nachbarinsel Mohéli gestrandet war. Mit dieser Verstärkung segelte die *Fancy* dann in den Golf von Aden, wo sie schließlich auf die beiden Schiffe aus Nordamerika traf.

Nachdem die Kapitäne ihre Geschichten und auch allerlei nützliche Informationen ausgetauscht hatten, verständigten sie sich darauf, zusammen auf die Jagd nach reicher Beute zu gehen. Noch bevor sie wieder die Segel setzten, wechselten einige Besatzungsmitglieder der beiden kleinen Kaperschiffe auf die *Fancy*. Sie glaubten wahrscheinlich, auf dem schwerbewaffneten Schiff eher die ersehnte Beute machen zu können.

Das erste Ziel, das die drei Schiffe auf ihrer gemeinsamen Fahrt ansteuerten, war das Fischerdorf Mayd an der Nordküste Somalias. Hier wollten die Besatzungen noch etwas Wasser und Proviant aufnehmen, bevor sie sich auf die letzte Etappe zum Roten Meer machten. Nachdem die Schiffe vor Anker gegangen waren, setzten sie ihre Beiboote aus, und einige Seeleute ruderten an Land. Zu ihrer Überraschung fanden sie den kleinen Ort jedoch verlassen vor. Offenbar hatten die Bewohner bereits schlechte Erfahrungen mit europäischen Seefahrern gemacht und das Weite gesucht, als sie die Schiffe herannahen sahen. Jedenfalls begannen die Männer, eine Hütte nach der anderen nach Proviant zu durchstöbern. Alles, was nicht niet- und nagelfest war, nahmen sie mit. Doch damit nicht genug: Als das ärmliche Dorf geplündert war, brannten einige Besatzungsmitglieder der *Fancy* alle Hütten nieder, und zu guter Letzt sprengten sie auch noch die Moschee in die Luft. Dann setzten die Seeleute wieder zu ihren Schiffen über und nahmen Kurs auf die arabische Halbinsel.

Nach einigen Tagen erreichten die Schiffe das Bab el-Mandeb, den nur knapp zehn Seemeilen schmalen Eingang des Roten Meeres. Das sogenannte Babs war ein idealer Ort, um der Schiffahrt in dieser Region aufzulauern. Auf der arabischen Seite der Wasserstraße gab es eine breite Landzunge, der die kleine Insel Perim vorgelagert war. An der Südseite der kargen Insel fanden die Piraten eine geschützte Bucht, die einen hervorragenden Ankerplatz darstellte. Da die gesamte afrikanische Küste des Roten Meeres wegen zahlreicher Sandbänke und Riffe sehr gefährlich

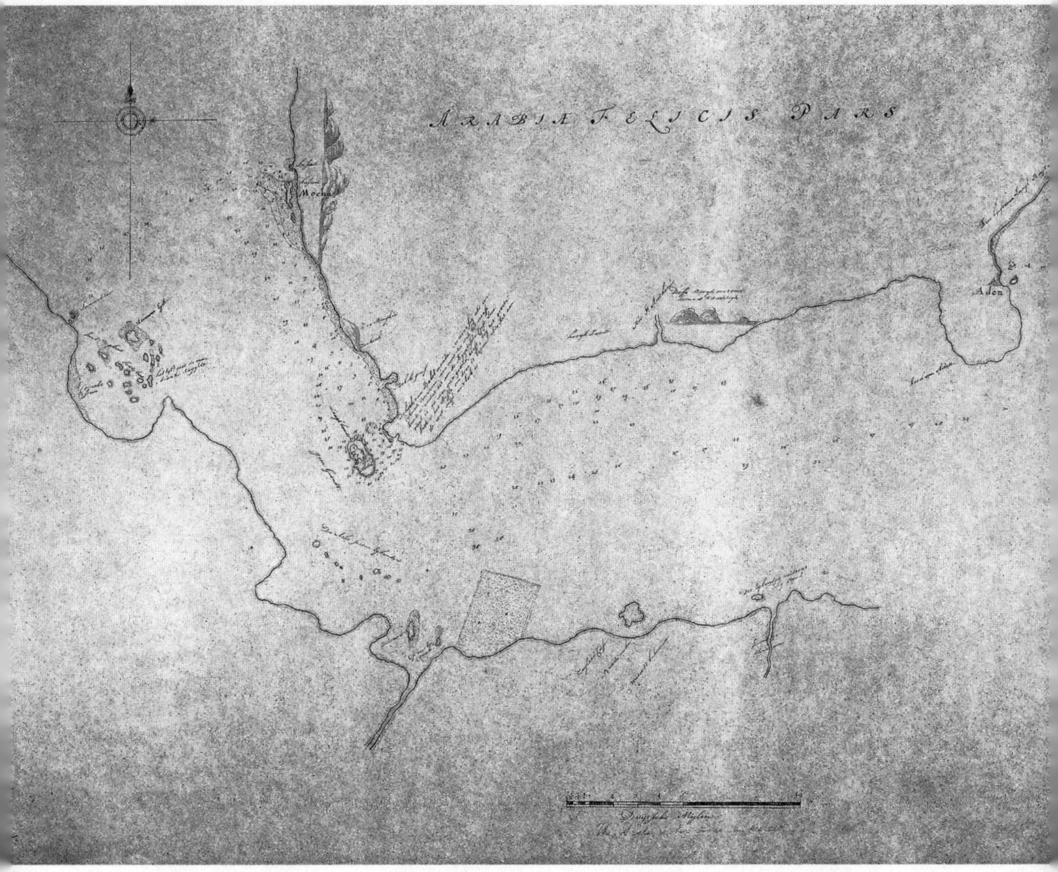

6 Eine niederländische Karte vom Eingang des Roten Meeres aus der zweiten Hälfte des 17. Jahrhunderts.

war, mußten alle Schiffe die Wasserstraße dicht neben der Insel passieren.

Das eigentliche Ziel aber, für das die Seeräuber unsägliche Strapazen auf sich genommen hatten, war die Pilgerflotte, die alljährlich vom muslimischen Mogul-Reich in Indien nach Mokka und Djidda am Roten Meer segelte. Ende März waren die Schiffe in Surat aufgebrochen, um mit dem Nordostmonsun im Rücken den Indischen Ozean zu überqueren. An Bord befanden sich nicht nur Hunderte von Gläubigen, die zu den heiligen Stätten des Islam in Mekka pilgerten, sondern auch zahlreiche wohlhabende indische Händler, die bei den Arabern wertvolle Tuche und Gewürze gegen Gold, Silber und allerlei andere kostbare Güter eintauschten. Schwerbeladen mit dieser für die Piraten verlockenden Fracht machten sich die Schiffe nach dem Drehen der Monsunwinde im August auf den Rückweg nach Surat. Da die ersten Kaufleute, die ihren Heimathafen erreichten, in der Regel einen besseren Preis für die mitgebrachten Waren erzielen konnten, löste sich der Flottenverband meist schon kurz nach dem Verlassen von Mokka auf, und Seeräuber hatten ein leichtes Spiel.

Angelockt von der Aussicht auf diese fette Beute erschienen im Verlauf der nächsten Tage noch drei weitere Schiffe am Babs. Angeführt wurden sie von Thomas Tews *Amity*, die zusammen mit der von William Maze kommandierten Brigantine *Pearl* aus Newport gekommen war. Unterwegs hatten sie noch die *Susanna* von Thomas Wake aus Boston getroffen, die sich ebenfalls auf dem Weg in das Rote Meer befand. Alle drei Schiffe führten Kaperbriefe mit sich, deren Geltungsbereich kaum über die Küstengewässer Nordamerikas hinausging. Aber das interessierte hier niemanden. Jetzt galt es nur, einen möglichst mühelosen Weg zum Aufbringen der indischen Flotte zu finden. Dazu verständigten sich die Kapitäne der sechs Schiffe darauf, gemeinsam in der kleinen Bucht auf die Pilger zu lauern. Sie wählten noch Henry Every zu ihrem Anführer, dem allerdings nur im Gefecht eine Befehlsgewalt zugestanden wurde, danach begann das lange Warten in der sommerlichen Gluthitze Arabiens.

Um die herannahende Flotte rechtzeitig zu erspähen, schickten die Piraten einen Aussichtsposten auf einen kleinen Hügel am Rande der Insel. Von hier aus ließ sich die ganze Meerenge bei klarem Wetter leicht überblicken. Doch anstatt der erwarteten Pilger sichtete der Posten zunächst nur einige arabische Fischerboote. Da sie befürchteten, daß die Fischer die Inder warnen könnten, entschieden die Kommandanten schon nach wenigen Tagen, ihre Lauerposition in der kleinen Bucht aufzugeben. So segelten die Schiffe aus der Bucht heraus und ankerten etwa zehn Seemeilen südlich von Perim zwischen einigen kleinen Felseninseln in unmittelbarer Nähe der afrikanischen Küste. Nur der Aussichtsposten blieb auf Perim zurück.

Wochenlang lag die kleine Piratenflotte vor Anker, und die Männer warteten darauf, daß die Pilger endlich am Horizont erscheinen würden. Tag für Tag brannte die Sonne unerbittlich vom Himmel herab, und die hohe Luftfeuchtigkeit tat ihr Übriges, um die letzten Kräfte der Seeleute erlahmen zu lassen. Lethargisch sehnten sie sich den Zeitpunkt herbei, an dem die reich beladenen Schiffe in ihre Hände fallen würden. Vorerst lag aber nichts außer einer erstickenden Stille über der glitzernden See, die nur gelegentlich vom monotonen Plätschern der Wellen an der Bordwand überlagert wurde.

Mit jedem Tag, an dem die Besatzungen der sechs Schiffe warten mußten, wurden die Seeleute ungeduldiger. Ungefähr vier Wochen vergingen, dann beschlossen die Kapitäne, in der rund fünfzig Seemeilen entfernten Hafenstadt Mokka Erkundigungen über den Verbleib der Pilgerflotte einzuholen. Die Pinasse der *Fancy* wurde bemannt, und einige Seeleute machten sich auf den Weg in Richtung Norden. Nach einiger Zeit kehrte das Segelboot mit zwei gefangenen arabischen Fischern zurück. Ihre Befragung erwies sich als äußerst mühsam, aber letztendlich erfuhren die Piraten, daß die indischen Pilger erst in den nächsten Tagen in Mokka erwartet wurden. In hoffnungsvoller Erwartung der reichen Beute steuerten die Kapitäne ihre Schiffe nun wieder zurück in die kleine Bucht von Perim. Alle Männer wußten, daß ihr Ziel jetzt zum Greifen nahe war.

Noch fast eine weitere Woche mußten die Piraten warten, ohne daß sie auch nur einen Hinweis auf die Pilger vernehmen konnten, dann segelte eines Abends eine aus dem Roten Meer kommende Dau durch das Babs. Sofort machte sich die *Amity* an die Verfolgung, und innerhalb kurzer Zeit gelang es Tews Mannschaft, das arabische Schiff aufzubringen. Von den Seeleuten erfuhren die überraschten Piraten, daß die Pilgerflotte bereits vor zwei Tagen Mokka verlassen hatte. Scheinbar waren die Inder doch vor den Seeräubern gewarnt worden und hatten die Meerenge irgendwann in der Nacht unbemerkt passieren können. Als die erste Enttäuschung überwunden war, beratschlagten die Kapitäne, was sie tun sollten. Da die Möglichkeit, noch ein nachfolgendes Schiff zu erwischen, nicht sehr groß erschien, wurde beschlossen, die Pilgerflotte mit allen Schiffen zu verfolgen. Vielleicht sollte ihnen doch noch der große Schlag gelingen. Eine vage Hoffnung blieb.

In den frühen Morgenstunden des darauffolgenden Tages lichteten die Piraten die Anker. Die Jagd war eröffnet. Mit vollen Segeln setzten die sechs Schiffe den in Richtung Surat entschwundenen Pilgern nach. Bereits nach kurzer Zeit wurde allerdings deutlich, daß die *Dolphin* zu langsam war, um mit den anderen Schiffen zusammen die Inder einzuholen. Kurzerhand beschloß die Besatzung, ihr leckes Schiff aufzugeben und auf die *Fancy* zu wechseln. Nur Kapitän Want und eine Handvoll seiner Seeleute stiegen in das Beiboot und ruderten zur *Portsmouth Adventure* herüber, um sich der Mannschaft von Joseph Faro anzuschließen. Schnell wurden der Proviant und alle noch brauchbaren Gegenstände von der *Dolphin* auf die *Fancy* geschleppt, anschließend setzten die Seeleute ihr altes Schiff in Brand. Mit Wehmut sahen die Männer zu, wie die in Flammen stehende *Dolphin* schließlich im Meer versank. Doch es war keine Zeit zu verlieren. Die Pilger hatten immer noch einen gehörigen Vorsprung.

In den folgenden Tagen fiel die kleine Piratenflotte immer weiter auseinander. Das nächste Schiff, das nicht mehr mitkam, war die *Pearl*. Da die Brigantine noch in einem recht guten Zustand war, beschloß Every, das Schiff in Schlepp zu nehmen. Zu diesem Zweck ließ er die Ankertrosse der *Pearl* an einem Mast der viel größeren *Fancy* festmachen, danach ging die Verfolgung weiter. Einige Tage später fiel auch die *Amity* zurück, und letztendlich verschwand noch die *Susanna* hinter dem Horizont. Schließlich konnte nur die *Portsmouth Adventure* der *Fancy* und der *Pearl* folgen. Sievers mußte aber alles daransetzen, die beiden führenden Schiffe nicht aus dem Blick zu verlieren.

Nach über drei Wochen waren die Piraten nur noch wenige Seemeilen von der indischen Küste entfernt, da stießen sie endlich auf ein Schiff, das zur Pilgerflotte gehörte. Innerhalb kurzer Zeit holten die *Fancy* und die *Pearl* das indische Schiff ein, und Everys Mannschaft feuerte eine Breitseite auf ihr Opfer ab. Die mit nur sechs Geschützen bewaffnete *Fath-i Mahmamadi* hatte den Piraten kaum etwas entgegenzusetzen. In ihrer Verzweiflung gaben die Inder noch drei Kanonenschüsse ab, die alle ihr Ziel verfehlten, dann strichen sie die Flagge, und wenig später konnten Everys Männer das Schiff entern. Der Zweimaster gehörte Abd-ul Gaffur, dem angeblich reichsten Kaufmann von Surat, und hatte große Mengen von Gold und Silber an Bord, mit denen die Araber für die Waren aus Indien bezahlt hatten. Doch jetzt sollten ihnen die Seeräuber im Handumdrehen alles abnehmen.

Erst als der Kampf schon entschieden war, erreichte die *Portsmouth Adventure* den Ort des Geschehens, und kurz darauf tauchte auch die *Susanna* wieder auf. Nur die *Amity* blieb verschwunden. Sobald die Beute, die einen Wert von rund fünfzigtausend Pfund Sterling ausmachte, auf die *Fancy* gebracht war, setzte Every ein kleines Prisenkommando auf die *Fath-i Mahmamadi*, dann segelten die Seeräuber gemeinsam weiter zur indischen Küste. Hier wollten sie die Gefangenen an Land aussetzen und anschließend in Ruhe über die weitere Verwendung des Schiffes sowie seiner Ladung entscheiden.

Am 5. September, nur zwei Tage nach dem Überfall auf die *Fath-i Mahmamadi*, erspähten die Piraten plötzlich ein weiteres indisches Schiff am Horizont. Sofort ließen sie von ihrer Prise ab und setzten dem Dreimaster nach. Die Verfolgung dauerte mehrere Stunden, dann gelangte das prächtige Schiff langsam in die Reichweite von Everys Kanonen. Schnell entwickelte sich ein heftiges Feuergefecht, in dem den Seeräubern vor allem das Glück beiseite stand: Schon bald zerbarst ein Geschütz der Inder und tötete drei oder vier Kanoniere. Dennoch gaben sie sich noch nicht geschlagen und wehrten sich weiter gegen den Angriff der Piraten. Nach ungefähr zwei Stunden erbitterten Kampfes brachte aber ein Treffer aus einem Piratengeschütz den Großmast der Angegriffenen zum Einsturz. Dies verursachte ein heilloses Durcheinander an Bord, was Every sofort auszunutzen wußte. Er ließ die *Fancy* längsseits gehen, und seine Mannschaft konnte die etwa fünfhundert Tonnen große *Ganj-i Sawai* entern. Die indischen Seeleute flüchteten in heller Panik in die unteren Decks. Einige Besatzungsmitglieder stellten sich noch dem Ansturm der Seeräuber entgegen, aber sie wurden einfach niedergemetzelt. An allen Ecken und Enden

7 Das Gefecht der Fancy *mit der* Ganj-i Sawai, *rechts. Dieses Bild wurde nach einem Kupferstich aus dem frühen 18. Jahrhundert angefertigt. Auch wenn es vermutlich nicht das wahre Aussehen der Schiffe wiedergibt, so vermittelt es doch einen guten Eindruck von einem Gefecht auf See.*

fanden die Piraten wehrlose Passagiere, die sich zwischen der Ladung ängstlich versteckt hielten. Sie wurden gezwungen, alle ihre Wertsachen herauszugeben, dann zogen die Räuber weiter. Viele Frauen wurden dabei brutal vergewaltigt. Um einer solchen Schmach zu entgehen, stürzten sich einige von ihnen über Bord, andere töteten sich mit dem Dolch. Den Männern dürfte sich ein entsetzlicher Anblick geboten haben, doch die Gier machte sie wahrscheinlich blind für das Leid ihrer Opfer.

Zwei Tage lang zogen die Piraten plündernd und vergewaltigend durch die dunklen Decks der *Ganj-i Sawai*. In dieser Zeit raubten sie beträchtliche Mengen an Gold, Silber und Juwelen. Auch ein mit Rubinen besetzter Sattel, der als Geschenk für den Mogul gedacht war, fiel den Seeräubern in die Hände. Um schließlich die letzten Verstecke weiterer Schätze zu erfahren, wurden einige indische Seeleute erbarmungslos gefoltert. Erst als die Prise bis auf den Kiel geplündert war, ließen die Piraten von ihren Opfern ab, und die Inder durften die Fahrt nach Surat fortsetzen. Nur einige Frauen wurden auf der *Fancy* mitgenommen. Sie mußten wahrscheinlich den Männern zur Befriedigung ihrer Gelüste dienen.

Die Piraten konnten sich leicht ausrechnen, daß die Inder nach dem Einlaufen der geplünderten Schiffe in Surat alles daransetzen würden, die Seeräuber zu fassen. Um einer möglichen Verfolgung zu entgehen, beschlossen die Kommandanten, das Seegebiet schnell zu verlassen. So segelten die vier am Überfall beteiligten Schiffe in den folgenden Tagen entlang der Küste in Richtung Süden, wobei nicht nur der Ausguck ständig am Horizont Ausschau nach anderen Schiffen gehalten haben dürfte.

Nach ungefähr einer Woche entdeckten die Piraten etwa hundertfünfzig Seemeilen südlich von Bombay die Mündung eines breiten Flusses, der sich ein tiefes Tal zwischen die mächtigen Bergrücken des küstennahen Hochlandes gegraben hatte. In zahlreichen tiefen Buchten und Windungen des Flußlaufes gab es flache Ufer mit weiten Sandbänken. Hier fanden die Räuber endlich eine geeignete Stelle zum Verteilen ihrer Beute. Einige Meilen von der Mündung

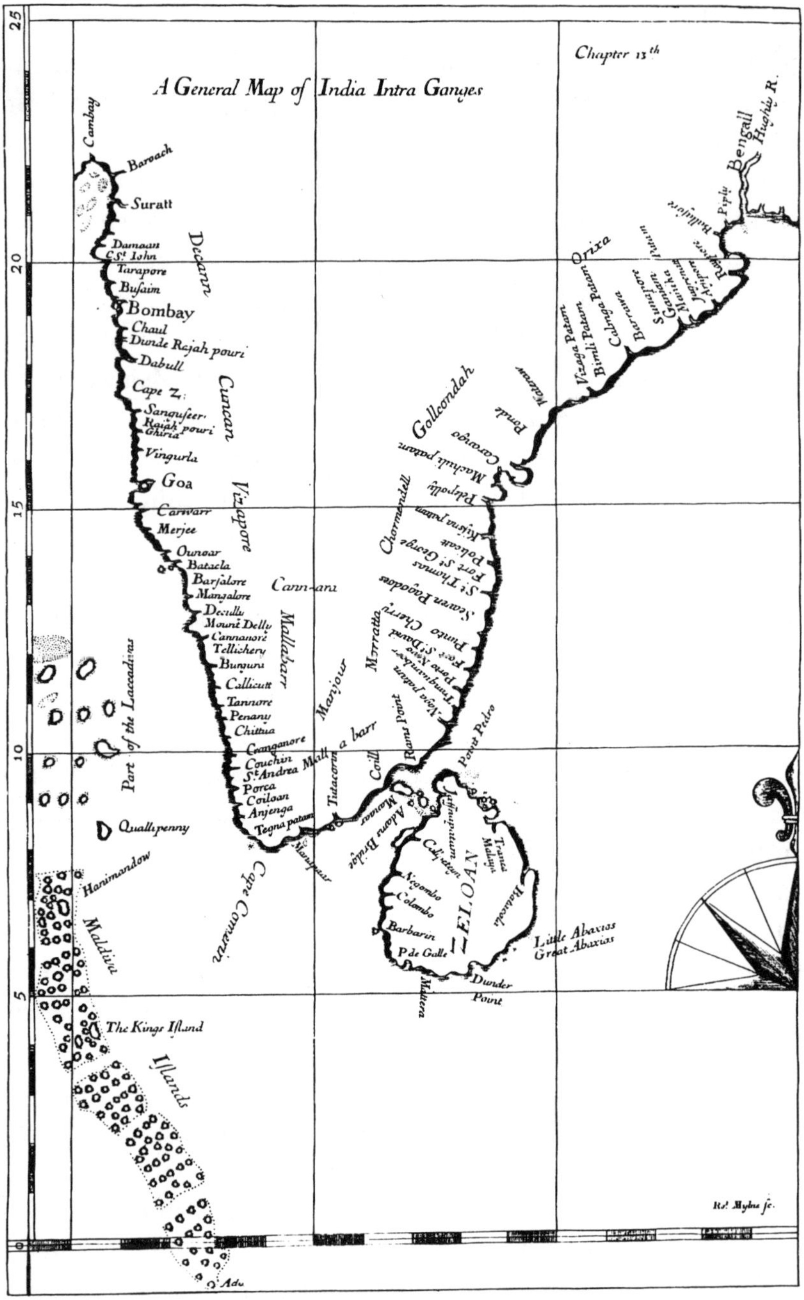

8 *Eine Karte von Indien aus dem Jahr 1727.*

entfernt lag der kleine Ort Jittapur und weiter flußaufwärts die Stadt Rajapur, wo es bis vor wenigen Jahren noch Niederlassungen der englischen und französischen Handelsgesellschaften gegeben hatte, die regelmäßig von deren Schiffen angelaufen worden waren. Doch inzwischen waren die Faktoreien verwaist, so daß die Piraten kaum befürchten mußten, in dieser Gegend auf schwerbewaffnete Fregatten aus Europa zu stoßen.

Die Verteilung der riesigen Beute begann gleich mit einer großen Enttäuschung für Sievers und die übrige Besatzung der *Portsmouth Adventure*. In einer Abstimmung beschlossen die versammelten Seeräuber, daß Faros Mannschaft keinen Anteil an der Beute bekommen sollte, weil sie sich nicht in ausreichendem Maße an den Kämpfen beteiligt hatte. Den Seeleuten blieb nichts übrig, als zuzusehen, wie die anderen hundertachtzig Piraten den großen Berg von Gold und Silber untereinander aufteilten. Die meisten bekamen eine sogenannte Dividende im Wert von ungefähr tausend Pfund Sterling. Es gab aber auch Männer, denen nach Meinung der anderen weniger zustand. Sie erhielten dann nur einen Anteil von einigen hundert Pfund Sterling – immer noch eine lohnenswerte Beute.

Nachdem alle Seeleute ihre Dividende bekommen hatten, bot Every der Besatzung der *Portsmouth Adventure* doch noch tausend Pfund für ihre vergeblichen Mühen an. Diese Chance ließ sich Joseph Faro nicht entgehen. Um die Summe für sein Schiff entgegenzunehmen, begab er sich auf die *Fancy* und kehrte nicht mehr auf die Bark zurück. Sievers und der Rest seiner Mannschaft gingen endgültig leer aus.

So wie Faro waren alle Piraten nur auf ihren eigenen Vorteil aus. Selbst einige, die schon ihren Anteil hatten, gaben sich damit nicht zufrieden und versuchten, einen noch größeren Profit herauszuschlagen. Die Mannschaft der *Pearl* hatte dabei eine besondere Finesse ausgeheckt: Unter einem Vorwand tauschten die Seeleute mit der Besatzung der *Fancy* ihr Gold gegen spanische Silbermünzen. Als die Mannschaft der *Fancy* darauf die erworbenen Münzen untersuchte, stellten die Männer jedoch fest, daß von den Goldstücken die Ränder abgefeilt waren. Schnell wurde ihnen klar, daß die Besatzung der *Pearl* sie betrogen hatte. Doch so leicht ließen sich Everys Leute nicht prellen. Mit vorgehaltenen Pistolen holten sich die Räuber alle Goldmünzen zurück, so daß auch die Besatzungsmitglieder der *Pearl* leer ausgingen. Damit sie sich wenigstens Proviant für einen weiteren Beutezug kaufen konnten, ließen ihnen die anderen Piraten schließlich nur einen Betrag von ungefähr fünfhundert Pfund.

In den folgenden Tagen nahmen die Seeräuber noch Wasser und Feuerholz an Bord, anschließend löste sich die Piratenflotte allmählich auf. Zunächst machte sich die *Pearl* auf den Weg zurück zum Roten Meer, wo Kapitän Maze nach dem schmerzlichen Verlust endlich die ersehnte Beute zu machen hoffte. Die drei übrigen Schiffe, darunter auch die *Portsmouth Adventure*, segelten noch ein paar Tage zusammen in südlicher Richtung, dann scherte auch die *Susanna* aus und steuerte Madagaskar an. Dort wollte die Mannschaft einige Monate verbringen, um im nächsten Jahr wieder am Roten Meer der Pilgerflotte aufzulauern.

Die Besatzungsmitglieder der *Fancy* waren sich darin einig, daß sie sich nach diesem Erfolg zur Ruhe setzen wollten, doch über die Frage, wohin sie segeln sollten, kam es zu einem hitzigen Disput. Every hatte Mühe, eine Meuterei zu verhindern, aber letztendlich folgte die Mehrheit der Seeleute seinem Vorschlag, die Karibik anzulaufen. Alle, die sich nicht in das englische Empire zurückbegeben wollten, verließen das Schiff bei einem Zwischenstopp auf der Insel Bourbon, dem heutigen Réunion. Im April 1696 erreichte Every mit seinen Leuten die Bahamas, wo sie den englischen Gouverneur Nicholas Trott mit ungefähr zehn Pfund pro Kopf bestachen, damit er die Mannschaft an Land ließ. Schon bald nachdem sie dem Gouverneur auch noch ihre *Fancy* mit den von den Dänen geraubten fünfzig Tonnen Elfenbein im Schiffsrumpf überlassen hatten, zerstreuten sich die meisten von Everys Konsorten. Einige von ihnen blieben in der Karibik, andere begaben sich heimlich in die nordamerikanischen Kolonien. Every kaufte sich zusammen mit einem Dutzend anderer Seeleute die Schaluppe *Seaflower* und segelte an die Nordküste Irlands. Hier verlieren sich die Spuren der meisten Piraten. Nur acht ehemalige Besatzungsmitglieder der *Fancy* wurden wenig später festgenommen.[15] Every nahm den Namen Bridgeman an und tauchte unter. Faro bekam die *Seaflower* und setzte wieder nach Amerika über. Auch von ihm wurde nie wieder etwas gehört.

Derweil hatte sich Faros ehemalige Mannschaft mit der *Portsmouth Adventure* von Indien auf den Weg zur Küste Afrikas gemacht. Die Besatzung der Bark war nach dem plötzlichen Abmustern ihres Kommandanten tief gespalten. Einige Seeleute wollten zurück nach Amerika, wo wahrscheinlich ihre Familien warteten, andere planten, im nächsten Jahr wieder die Pilgerflotte zu überfallen. Nach einigen Diskussionen beschlossen die Männer, zunächst nach Madagaskar zu segeln, wo eine endgültige Entscheidung über ihren weiteren Weg getroffen werden sollte.

Kapitel 3

Eine neue Chance

Gegen Ende Oktober 1695 erreichte Sievers die zu den Komoren gehörende Vulkaninsel Mayotte. Inzwischen war die *Portsmouth Adventure* so morsch und leck, daß jede weitere Fahrt ein unkalkulierbares Risiko dargestellt hätte. Der Besatzung blieb nichts übrig, als ihr Schiff aufzugeben. Die Komoren schienen ein geeigneter Ort, auf ein anderes Schiff zu wechseln. Vielen Handelsschiffen, die sich auf dem Weg vom Kap der Guten Hoffnung ins östliche Afrika, Arabien oder Indien befanden, dienten die Inseln als Verpflegungsstation. Aber auch Piraten gehörten zu den häufigen Besuchern dieses kleinen Archipels.

Als die *Portsmouth Adventure* auf dem Strand der von zahlreichen Korallenriffen umgebenen Insel lag, bauten sich die Seeleute zunächst aus den Segeln einige Zelte, dann begannen sie, ihr Schiff zu zerlegen. Wertvoll waren vor allem die Metallteile, die gerne von den Inselbewohnern gegen dringend benötigte Lebensmittel eingetauscht wurden. In den folgenden Wochen nahmen die Männer ihr Schiff Planke für Planke auseinander. Schon bald war von der Bark kaum mehr als ein Gerippe aus dem Kiel und den Spanten übrig. Um auch die letzten Nägel wiederzugewinnen, brannten die Seeleute die Überreste schließlich ab. Jetzt konnten Sievers und seine Gefährten nichts mehr tun, als Tag um Tag, Woche für Woche auf das Meer hinauszublicken und am Horizont nach vorbeikommenden Schiffen zu spähen.

Richard Sievers fand nun viel Zeit, sich Gedanken über die Zukunft zu machen. Er wußte aus langjähriger Erfahrung, daß man als einfacher Seemann auf einem Handelsschiff oder bei der Kriegsmarine ein erbärmliches und stets vom Tode bedrohtes Dasein fristete. Im späten 17. Jahrhundert mußte ungefähr jeder zweite Seemann damit rechnen, beim Verrichten seiner Arbeit das Leben zu verlieren. Dagegen schien die Gefahr, als Pirat am Galgen zu enden, doch sehr gering. Viel größer war da die Anziehungskraft, die von den Schätzen der Pilgerflotte ausging. Nun war Sievers diesen Reichtümern schon so nahe gekommen, sollte er sich da mit leeren Händen auf den Weg zurück in die westliche Welt machen? Sievers beschloß, die erstbeste Gelegenheit zu ergreifen, um letztendlich doch noch an die ersehnte Beute zu kommen. Vorerst war eine solche Möglichkeit aber nicht in Sicht.

Allmählich dürfte sich unter den ehemaligen Besatzungsmitgliedern der *Portsmouth Adventure* Verzweiflung breitgemacht haben. Ein Teil der Mannschaft ließ sich von Einheimischen auf die benachbarte Insel Johanna bringen, wo sie hofften, eher auf einem vorbeikommenden Schiff anheuern zu können. Indessen mußten die auf Mayotte verbliebenen Piraten nach und nach alle ihre Habseligkeiten gegen Lebensmittel umtauschen. Als sie nichts mehr besaßen, lebten sie nur noch von der Gnade der Inselbewohner. Das Einsetzen der Regenzeit mit fast täglichen Wolkenbrüchen tat wahrscheinlich sein Übriges, um die Moral der Seeleute auf immer neue Tiefpunkte sinken zu lassen.

Endlich, am 30. April 1696, erschien ein Schiff am Horizont, das Kurs auf Mayotte hielt. Das Schiff dürfte einen ungewohnten Anblick geboten haben, denn es hatte einen flachen, schnittigen

9 Eine Schebecke aus dem frühen 18. Jahrhundert.

Rumpf mit einer erhöhten, weit über das Heck hinausragenden Galerie. Getakelt war es mit drei recht kurzen Pfahlmasten, die dreieckige Lateinsegel führten, bei Flaute oder im Kampf konnte das Schiff aber auch gerudert werden. Es handelte sich um eine aus der Galeere abgeleitete Schebecke. Ursprünglich wurde dieser Schiffstyp in Algerien entwickelt, durch seine Schnelligkeit und Beweglichkeit erwies er sich als so erfolgreich, daß die Franzosen in der Mitte des 17. Jahrhunderts Schebecken nachzubauen begannen. Vermutlich war dieses Schiff im Kaperkrieg in der Karibik eingesetzt und dort von den Engländern erobert worden.

Nachdem einige Besatzungsmitglieder im Beiboot an Land gekommen waren, erfuhr Sievers, daß das Schiff *Resolution* hieß und aus Boston kam. Im Dezember 1695 war die mit achtzehn Kanonen bewaffnete Schebecke unter dem Kommando von Robert Glover, der als Miteigentümer des Schiffes einen Kaperbrief des Gouverneurs von Barbados hatte, zuerst zur Kapverdeninsel Maio und dann an die Küste Guineas gesegelt. Auf der Suche nach leichter Beute war die *Resolution* allerdings selbst von einem holländischen Kriegsschiff aufgebracht worden. Danach hatte die Mannschaft in einer Abstimmung beschlossen, das Seegebiet zu verlassen und sich auch auf die Jagd nach den Reichtümern des Ostens zu machen. So hatten sie Afrika umsegelt und waren schließlich in Mayotte gelandet, um Proviant für die Weiterfahrt ins Rote Meer aufzunehmen.

Das war die Chance, auf die Sievers so lange gewartet hatte. Zusammen mit Richard Want, dem alten Kapitän der *Dolphin*, und fünf anderen Seeleuten von der *Portsmouth Adventure* heuerte er auf dem Schiff an. Doch bevor sie in See stechen konnten, mußte die Schebecke erst einmal an einem ruhigen Küstenabschnitt gekielholt werden. Für Sievers bot die Knochenarbeit die Möglichkeit, die Besatzung der *Resolution* kennenzulernen. Sie bestand aus knapp über hundert Männern. Der überwiegende Teil der Mannschaft kam von den britischen Inseln oder aus den amerikanischen Kolonien, es gab auf dem Schiff aber auch einige Niederländer und Franzosen. Wie auf anderen Kaperschiffen war es ein bunter Haufen, den vor allem eines verband: Sie alle wollten möglichst schnell reich werden. Fast ausnahmslos waren sie Draufgänger, die aus den untersten Gesellschaftsschichten kamen und außer ihrem Leben nicht viel zu verlieren hatten.[16] Alles was sie besaßen, paßte in einen Seesack oder in eine Truhe. Einen festen Wohnsitz hatten nur wenige von ihnen. Sie bildeten eine Art menschliches Treibgut, das von Schiff zu Schiff, von Hafen zu Hafen zog, immer auf der Suche nach einer lukrativen Heuer, bis sie eines Tages auf See den Tod fanden. Im Gegensatz zu vielen Armen in den Städten des englischen Empire hatten sie aber zumindest eine Bleibe, und selbst für eine regelmäßige Verpflegung war gesorgt.

Ende Mai oder Anfang Juni nahm die *Resolution* Kurs auf den Eingang des Roten Meeres. Die Fahrt dorthin dauerte ungefähr vier Wochen. Dabei mußte der Navigator stets darauf achten, daß das Schiff nicht zu nahe an die afrikanische Küste geriet, denn dieses Seegebiet galt wegen zahlreicher Riffe als besonders gefährlich. Segelte das Schiff die Küste entlang, so wurde in der Regel ein Besatzungsmitglied dafür abgestellt, ständig mit einem Lot die Wassertiefe zu messen. Nachts mußte dann der Anker geworfen werden, um nicht irgendwo auf Grund zu laufen. Wenige Tage nach der Umseglung von Kap Guardafui erreichte die Schebecke schließlich das Babs. Die Seeleute machten ihr Schiff kampfbereit und begannen, auf die Mekkapilger zu lauern.

Nachdem die Mannschaft der *Resolution* schon zehn Tage unter der sengenden Sonne gewartet hatte, erschien plötzlich ein Segel am südöstlichen Horizont. Schon bald stellte sich heraus, daß es sich um die *John and Rebecca* aus Rhode Island handelte. Kommandiert wurde die mit zwanzig Kanonen bestückte Brigantine von dem gebürtigen Iren John Hoar, einem Schwager Robert Glovers, der das ursprünglich *Saint Paul* genannte Schiff im Jahr zuvor in der Karibik von den Franzosen erbeutet hatte. Nun war auch er in den Indischen Ozean gesegelt, um sich an den sagenhaften Schätzen des Mogul-Reiches die Taschen zu füllen.

Dabei war die *John and Rebecca* nur über einen Umweg zum Eingang des Roten Meeres gekommen. Nach Umseglung des Kaps der Guten Hoffnung hatte Hoar geplant, sein Schiff im Süden Madagaskars kielzuholen, aufgrund eines Navigationsfehlers war er aber zunächst an der Insel vorbeigesegelt. Erst an der Küste Ostafrikas hatten die Männer ihren Irrtum bemerkt, worauf sie umgedreht waren, um letztendlich doch noch nach Madagaskar zu gelangen. Dort hatte die *John and Rebecca* auch einige Besatzungsmitglieder der *Susanna* an Bord genommen, die im Vorjahr beim Auflösen der Piratenflotte beschlossen hatten, auf Madagaskar die nächste Pilgersaison abzuwarten. Nachdem der Kapitän und der größte Teil der Mannschaft gestorben waren, gaben sie ihr leckes Schiff auf, hatten jedoch das Glück, daß sie wenig später von John Hoar aufgelesen worden waren.

Nun lauerten die beiden Schiffe gemeinsam auf ihre Beute. Immer wieder suchte der Ausguck mit dem Fernrohr den Horizont nach

Schiffen aus dem Roten Meer ab, doch die Pilger ließen weiter auf sich warten. In der sommerlichen Gluthitze verbrachten die Männer den ganzen Tag an einer schattigen Stelle auf dem Deck. Jede unnötige Bewegung wurde vermieden. Die meisten Besatzungsmitglieder vertrieben sich die Langeweile wahrscheinlich mit Würfelspielen oder beim Erzählen von Seemannsgarn, den jeder bereits unzählige Male gehört hatte und der jedesmal um neue Höhepunkte bereichert wurde. Einige dürften auch schon von den erhofften Reichtümern phantasiert haben, die nun bald in ihre Hände fallen sollten.

Nicht einmal das Schauspiel der Sonnenuntergänge war den Seeleuten vergönnt, denn in dieser Jahreszeit legte sich jeden Abend ein dichter Dunstschleier mit dünnen Wolken über die See und verdeckte die Sonne, bevor sie als glutroter Feuerball im Meer versank. Nachts haben die Männer vermutlich dichtgedrängt an Deck geschlafen, wo sie in der immer noch drückend schwülen Luft zumindest ein wenig Abkühlung fanden.

In der brütenden Hitze verbrauchten die Seeleute so viel Wasser, daß die Vorräte auf der *Resolution* allmählich knapp wurden. Obwohl die Pilgerflotte jeden Tag am Babs erwartet wurde, mußte sich Kapitän Glover nach einer Möglichkeit zum Auffüllen der Fässer umsehen. Doch wohin sollte er segeln? In Mokka hätte das Schiff unweigerlich die Pilger gewarnt. Weiter im Osten lag Aden, aber da gab es eine Handelsstation der Engländer, die den Piraten sicherlich Schwierigkeiten bereitet hätten. Der Tag, an dem die Mannschaft überhaupt kein Wasser mehr haben würde, rückte immer näher. Schließlich ließ Glover die Segel setzen, um die östlich vor dem Horn von Afrika gelegene Insel Sokotra anzulaufen.[17] An der Nordküste der spärlich bewachsenen Insel gab es mehrere kleine Fischerdörfer, wo sich die Wasserfässer der Schebecke ohne Probleme wieder auffüllen ließen. Außerdem konnten die Männer den Arabern einige Ziegen abkaufen, deren frisches Fleisch ein wenig Abwechslung von der täglichen Ration Pökelfleisch darstellte.

Als die *Resolution* am 15. August wieder das Babs erreichte, kamen die Piraten gerade rechtzeitig, um tatenlos mit ansehen zu müssen, wie die *John and Rebecca* zwei kleinere Schiffe aufbrachte. Die beiden Prisen, die *Ruparell* und die *Calicut Merchant*, gehörten der East India Company und hatten sich auf dem Weg von Mokka nach Bombay befunden. Wie alle englischen Schiffe, die ausschließlich im Indischen Ozean eingesetzt wurden, waren sie hauptsächlich mit indischen Seeleuten – sogenannten Laskaren – bemannt, nur die Offiziere kamen aus England. Die Ladung der Prisen bestand vornehmlich aus Kaffee und Pferden. Zwar war dies eine durchaus wertvolle Fracht, aber die Piraten sahen keine Möglichkeit, die Beute irgendwo gewinnbringend abzusetzen. So stahlen sie nur einige Perlen, etwa dreißig Silbermünzen und ein paar Säcke voller Mandeln.

Erst nachdem die Beute unter der Besatzung der *John and Rebecca* verteilt war, durfte sich auch Robert Glover auf die beiden geplünderten Prisen begeben, um nach letzten noch brauchbaren Gegenständen zu suchen und die gefangenen Seeleute zu verhören. Anschließend beratschlagten die beiden Kapitäne bei einem Becher Rum, wie sie weiter vorgehen sollten. Glover schlug vor, nach Mokka zu segeln und die Stadt zu plündern, doch Hoar hatte bereits andere Pläne: Der Kommandant der *Ruparell*, John Sawbridge, hatte ihm nahegelegt, nach Aden zu segeln, wo er ein Lösegeld in Höhe von tausend Pfund Sterling für die Prisen aufbringen wollte. Da Glover nicht erwarten konnte, an der Beute in Aden beteiligt zu werden, trennten sich nun schon wieder die Wege der beiden Piratenschiffe.

Hoars Versuch, die kärgliche Beute zu versilbern, erwies sich jedoch als Fehlschlag. Nachdem die *John and Rebecca* mit ihren Prisen in Aden angekommen war, ließen die Piraten Sawbridge in einem Beiboot an Land rudern, behielten aber die anderen Gefangenen weiterhin als Geiseln an Bord. Als der Kapitän am folgenden Tag nicht aus dem Hafen zurückkehrte, dürften die Männer bereits geahnt haben, daß sie reingelegt worden waren. Trotzdem schickten sie noch einen Inder an Land, um nach Sawbridge zu suchen, aber auch der nutzte die Gelegenheit zur Flucht. Die Seeleute warteten noch zwei weitere Tage vergeblich auf das erhoffte Lösegeld, dann gaben sie auf. Gleichermaßen enttäuscht wie wütend setzten sie alle gefangenen Laskaren auf einem Floß aus, erschossen die Pferde und brannten schließlich beide Schiffe in Sichtweite der Stadt nieder. Die drei übrigen englischen Offiziere mußten bei ihnen bleiben, weil sie noch als Lotsen in den für die Piraten unbekannten Gewässern gebraucht wurden.[18] Das Ziel, das die *John and Rebecca* jetzt ansteuerte, war der Persische Golf.

Die *Resolution* hatte sich unterdessen auf den Weg nach Mokka gemacht. Die Fahrt entlang der arabischen Küste dauerte nur einige Stunden. Zunächst segelte das Schiff an einer schroffen Steinwüste vorbei in Richtung Norden, dann erschienen immer mehr Palmen am Ufer, und schließlich konnten die Seeleute die weiß getünchten Minarette der Moscheen in der Ferne ausmachen. Zwar hatten die gefangenen Engländer allesamt ausgesagt, daß vor Mokka keine Schiffe mehr lagen, aber die Piraten hatten ihnen nicht getraut. Jetzt mußten sie jedoch erkennen, daß es wirklich weit und breit keine lohnenswerte Beute gab. Auch der Plan, die durch den Handel von Kaffee wohlhabende Stadt zu überfallen, wurde schnell fallengelassen. Es war aussichtslos. Mokka war viel zu groß, und außerdem war der Ort durch stattliche Befestigungsanlagen gegen Angriffe gesichert. Robert Glover blieb nichts übrig, als sich ein neues Ziel zu suchen.

Nach diesem Fehlschlag wollte Glover der *John and Rebecca* in den Persischen Golf folgen, doch der Kapitän hatte die Rechnung ohne seine Mannschaft gemacht. Zu lange waren die Seeleute unter großen Entbehrungen durch die Meere gesegelt, ohne daß sie auch nur eine einziges Schiff aufgebracht hatten. Sie wollten endlich den erhofften Lohn für ihre Mühen einfahren, und dafür waren sie bereit, ihr Leben aufs Spiel zu setzen. Ein unauflösbarer Konflikt tat sich auf, denn Glover scheute den Schritt in die offene Piraterie. Als Mitbesitzer der *Resolution* erfreute er sich bereits eines gewissen Wohlstandes, und man kann anneh-

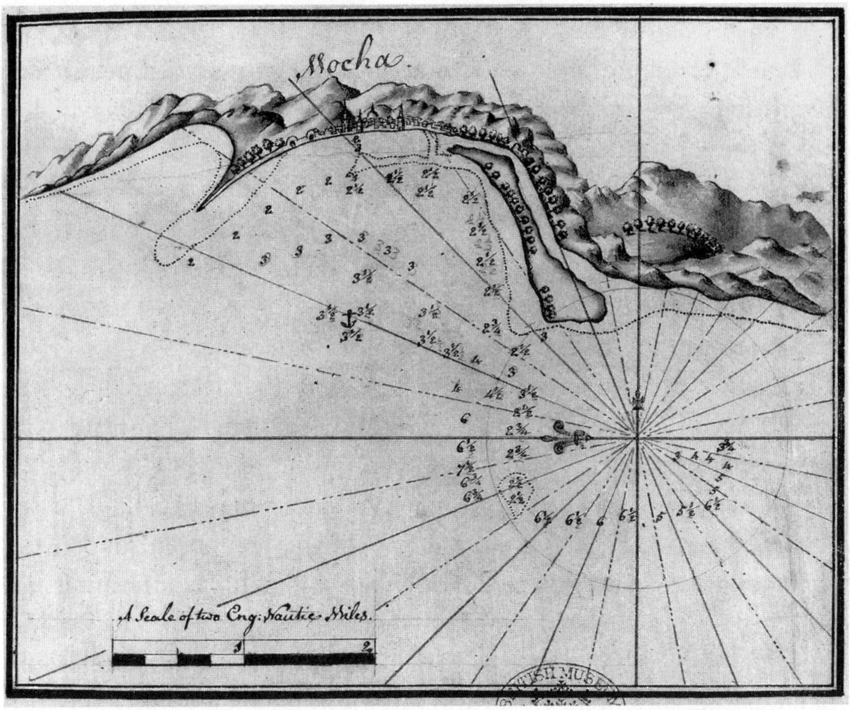

10 Eine Ansicht der Stadt Mokka, die von einem unbekannten Seemann um 1700 gemalt wurde. Bei den Zahlen handelt es sich um die ausgelotete Wassertiefe, die in Faden gemessen wurde. Ein Faden entspricht 1,83 Meter.

men, daß in Amerika eine Familie auf ihn wartete. Folglich ging er jedem Risiko aus dem Weg und versuchte, sich vor allem von den europäischen Stützpunkten an der indischen Küste fernzuhalten. In den Augen der gierigen Besatzung war er aber ein Feigling, der dem Erfolg nur im Wege stand. Es kam zur Meuterei. Nach einigen Wortgefechten sah sich Glover plötzlich von unzufriedenen Besatzungsmitgliedern umringt, die ihm unmißverständlich zu erkennen gaben, daß er nichts mehr zu sagen habe. Um nicht Gefahr zu laufen, auch noch irgendwo am Rande der Wüste ausgesetzt zu werden, beugte sich der entmachtete Kapitän dem Willen der Meuterer und brach am 24. August mit seiner abtrünnigen Mannschaft auf nach Indien.

Als das Schiff Ende September 1696 den indischen Subkontinent erreichte, drehten gerade die Monsunwinde. Anstatt des regenträchtigen Südwestmonsuns dominierten nun nordwestliche, später immer stärkere Nordostwinde das Wetter. Die Besatzung änderte den Kurs, und die *Resolution* segelte mit der trockenen Brise im Rücken entlang der Küste in Richtung Süden. Ihr Ziel war die Küste Malabars im Südwesten von Indien, wo die kostbarsten Gewürze gehandelt wurden. Wo es Gewürze gab, das wußten alle Piraten, da gab es auch das begehrte Gold und Silber.

Irgendwann in dieser Zeit muß die Mannschaft festgestellt haben, daß ihr Schiff ein Leck hatte. Wollten die Männer nicht schon bald Tag und Nacht an den Pumpen stehen, um gegen das eindringende Wasser anzukämpfen, so mußten sie sich nach einer Möglichkeit zur Reparatur umsehen. In dieser Situation dürfte sich Sievers an die weiten Sandbänke bei Rajapur erinnert haben, wo er im Vorjahr mit Every und Faro so bittere Erfahrungen gemacht hatte. Schon bald war die Flußmündung erreicht, und die Seeleute begannen, die Schebecke zum Kielholen herzurichten. Bevor die *Resolution* jedoch vollständig ausgeräumt wurde, um sie in das seichte Wasser zu ziehen, schickte die Besatzung noch ihr Beiboot zu einer Erkundungsfahrt den Fluß hinauf. Nach einer Weile kehrte das Boot mit der Nachricht zurück, daß an der Anlegestelle der kleinen Stadt ein Schiff lag. Damit hatten die Männer nicht gerechnet. Nun war guter Rat teuer. Einige wollten das Schiff sofort angreifen, doch andere mahnten zur Vorsicht. So wurde beschlossen, das fremde Schiff zunächst einmal auszuspionieren.

Am nächsten Morgen setzten sich einige Seeleute ins Beiboot und machten sich wieder auf den Weg nach Rajapur. Dort gaben sie sich als englische Händler aus und erfuhren, daß das Schiff aus Maskat gekommen war, um mit allerlei Waren für die Reparatur eines anderen arabischen Schiffes zu bezahlen, welches im Jahr zuvor bei einem Gefecht mit den Portugiesen schwer beschädigt worden war. Jetzt warteten die Araber nur noch auf günstige Winde, um die Rückreise antreten zu können. Bei ihrem Besuch stellten die Besatzungsmitglieder der *Resolution* fest, daß das Schiff nur leicht bewaffnet war

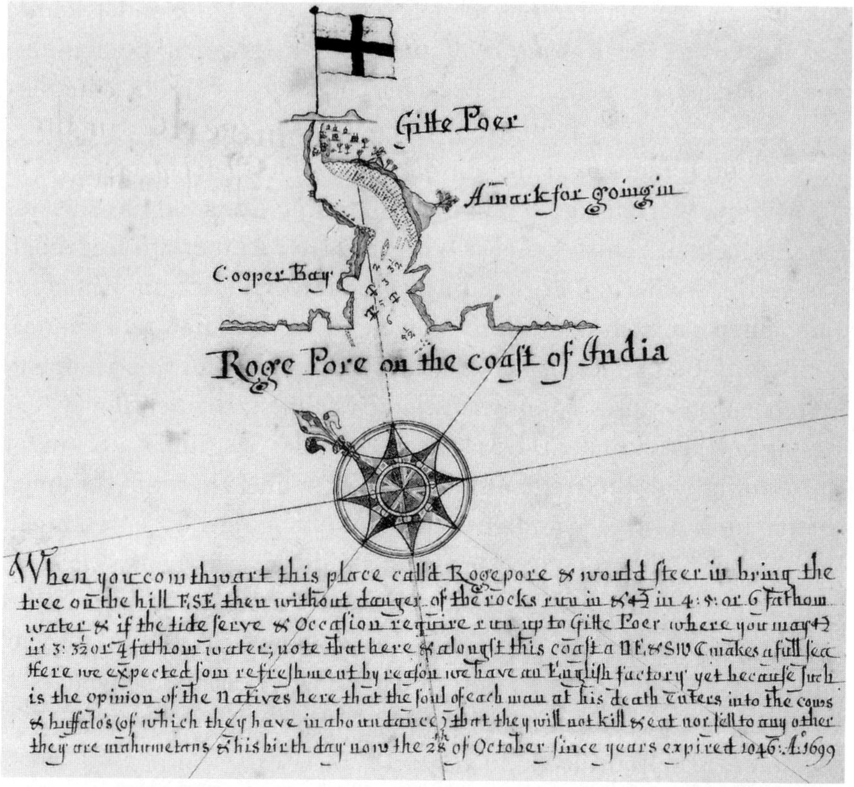

11 Die Flußmündung bei Rajapur aus einem im Jahr 1700 von dem Kartographen William Hacke angefertigten Atlas. Am östlichen Flußufer befindet sich eine markante Bergspitze mit einem weithin erkennbaren Baum, der den Seeleuten als Orientierungspunkt bei der Einfahrt in den Fluß diente.

und somit ein ideales Angriffsobjekt darstellte. In den folgenden Tagen begaben sich die Männer noch mehrere Male zu den Arabern, um ihnen ihre Freundschaft zu versichern. Sogar kleine Geschenke wurden überreicht. Die Seeräuber konnten es sich leisten, großzügig zu sein, denn schon bald würden sie sich alles wieder zurückholen.

Mittlerweile erledigte die Mannschaft in großer Hast die Arbeit am Schiff. Das Leck wurde dicht gemacht, Wasser wurde wieder aufgefüllt, und auch etwas Feuerholz wurde gesammelt. Als die Araber ihnen völlig unvermittelt einen Gegenbesuch abstatteten, versteckten sich die meisten Piraten schnell unter Deck. Da Handelsschiffe von der Größe der *Resolution* kaum mehr als zwanzig Besatzungsmitglieder hatten, wären die Besucher angesichts von über hundert Seeleuten unweigerlich mißtrauisch geworden.

Nach drei Tagen war die *Resolution* wieder gefechtsbereit, und die Männer warteten gespannt in der Flußmündung auf das Auslaufen des kleinen Schiffes. Als sich die arglosen Araber am folgenden Tag endlich näherten, griffen die Piraten unverzüglich an. Zunächst versuchten sie, sich dem Schiff so weit zu nähern, daß sie es entern konnten. Doch so leicht ließen sich die Araber nicht überrumpeln. Durch ein gewagtes Manöver gelang es ihnen, ihr Schiff von der *Resolution* fernzuhalten. Darauf schossen die Seeräuber aus kurzer Entfernung eine Breitseite auf ihre Opfer, wobei sie fünf von ihnen töteten und zahlreiche andere verletzten. Nun ging alles sehr schnell: Die Araber holten ihre Segel ein, und einige schwerbewaffnete Piraten kletterten an Bord. Mit vorgehaltenen Pistolen wurde die an Deck versammelte Mannschaft ins Beiboot gezwungen und kurzerhand an Land ausgesetzt.[19] Nur fünf arabische Seeleute behielten die Räuber bei sich. Sie mußten fortan als Sklaven den Piraten bei allen schweren Arbeiten zur Hand gehen.

Bei der Durchsuchung der Prise fanden die Männer außer dem Proviant der Araber – hauptsächlich Datteln und Reis – nur Ballast. Doch wichtig war ihnen vor allem das Schiff. Endlich gab es eine Möglichkeit, den Konflikt zwischen Robert Glover und der Mannschaft zu lösen. Dem abgesetzten Kapitän wurde das erbeutete Schiff übergeben, und die Besatzungsmitglieder standen vor der Wahl: Sie konnten entweder mit Glover auf der Prise ihren eigenen Weg gehen oder auf der *Resolution* einen Raubzug entlang der indischen Küste unternehmen.

Letztendlich entschieden sich ungefähr neunzig Piraten, auf der Schebecke zu bleiben, während nur vierundzwanzig Seeleute zum alten Kommandanten hielten. Zwar protestierte Glover heftig gegen den Verlust seines Schiffes, doch sein Schicksal war bereits besiegelt. Gemeinsam mit den wenigen Getreuen packte er seine Habseligkeiten zusammen und stieg auf die Prise, um ohne Beute zurück nach Amerika zu segeln.

Nachdem das arabische Schiff am Horizont verschwunden war, mußten die übrigen Besatzungsmitglieder einen neuen Kapitän finden. Sie setzten sich zusammen und suchten in ihrer Mitte nach einem geeigneten Kandidaten. Natürlich kam für diese Position nur ein besonders erfahrener Seemann in Frage. Richard Sievers war ein solcher Seemann. Mit ungefähr fünfzehn Jahren Erfahrung auf See war ihm zuzutrauen, das Schiff endlich auf Erfolgskurs zu bringen. So war es sicherlich keine Überraschung, daß sich die meisten Hände hoben, als man seinen Namen aufrief. Nun lag es an Sievers, die Mannschaft auf ihrem Streifzug durch den Indischen Ozean anzuführen.

Die Machtbefugnis eines Piratenkapitäns war allerdings nur gering. Außer in der Hitze des Gefechts wurden wichtige Entscheidungen im allgemeinen von der versammelten Mannschaft durch Handzeichen getroffen. Kam es zu Spannungen zwischen dem Kapitän und der Besatzung, so waren die Tage des Kommandanten schnell gezählt. Außerdem hatte Sievers keinerlei Anspruch auf besondere Privilegien. Er mußte weiterhin die karge Kost mit der gesamten Mannschaft teilen, und eine eigene Kabine hatte er vermutlich auch nicht. Lediglich bei der Verteilung der Beute stand ihm ein doppelter Anteil zu. Und den hoffte er möglichst bald einstreichen zu können.

Kapitel 4

Ein Raubzug durch den Indischen Ozean

Während der nächsten Wochen segelte die *Resolution* weiter entlang der Küste in südlicher Richtung. Hin und wieder dürfte ein landestypisches Auslegerboot zwischen den Wellenkämmen aufgetaucht sein, doch so schnell die Boote gekommen waren, so schnell verschwanden sie auch wieder. In der Nähe von Mangalore sichteten die Piraten dann ein kleines indisches Schiff. Sievers ließ einen Warnschuß vor den Bug setzen, und die Inder drehten bei. Einige Seeräuber sprangen auf das Schiff und durchsuchten es nach Wertsachen. Sie fanden jedoch nur Reis, Trockenfisch und allerlei Früchte. Innerhalb kurzer Zeit war der größte Teil des Proviants auf die *Resolution* verbracht, dann ließen die Räuber ihre Prise ziehen. Ein weiteres indisches Schiff, das sie wenige Tage danach aufbrachten, war sogar vollkommen leer, so daß es die Fahrt gleich fortsetzen durfte.

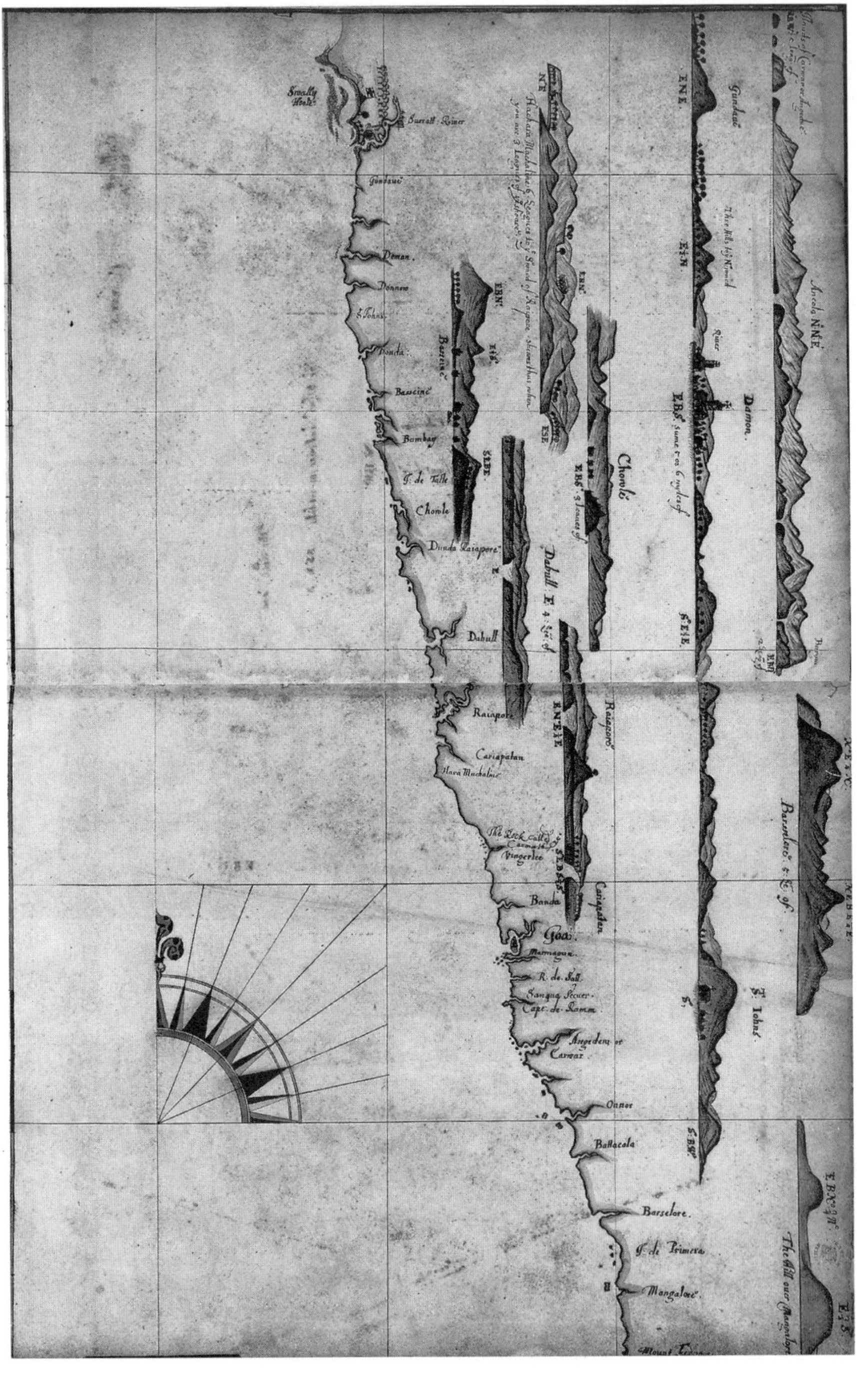
Surratt River
Gundauie
Doman
Donnew
St. Johns
Bassine
Bombay
Choule
Dunda Raiapore
Dabull
Raiapore
Cariapatan
Banda
Goa
Marmagoan
Onnor
Battacola
Barselore
Mangalore
Damon
Chorole
Cariapatan
St. Johns

12/13 Eine zweiteilige Karte der indischen Westküste aus dem späten 17. Jahrhundert.

Am frühen Morgen des 23. November 1696 näherten sich die Piraten Calicut. Die Stadt lag direkt am Meer und war seit jeher ein wichtiger Umschlagplatz für Pfeffer und andere wertvolle Gewürze. Obwohl der Überseehandel in dieser Gegend im späten 17. Jahrhundert schon stark an Bedeutung verloren hatte, lagen vor der Stadt immerhin sieben Schiffe auf Reede. Nicht ohne Grund hoffte Sievers, hier reiche Beute machen zu können.

Zunächst spähten die Seeleute vorsichtig die im gleißenden Gegenlicht liegenden Schiffe aus. Als sie sicher waren, daß sich darunter keine schwerbewaffneten europäischen Ostindienfahrer befanden, bereiteten sie einen Angriff vor. Die Piraten segelten direkt neben das am weitesten von der Stadt entfernte Schiff und feuerten einen Kanonenschuß in Richtung See ab. Nun war der Zeitpunkt gekommen, den Indern zu zeigen, mit wem sie es zu tun hatten: Noch bevor sich die Pulverrauchwolke über dem Deck verzogen hatte, ließ Sievers die englische Flagge einholen und statt ihrer ein rotes Banner hissen. Blutrote Farben – das bedeutete Kampf bis zum bitteren Ende und war deshalb ein weitverbreitetes Zeichen der Seeräuber im Indischen Ozean.[20] Um keine Mißverständnisse über ihre Absicht aufkommen zu lassen, schossen die Piraten noch eine Breitseite ab. Dabei hofften sie natürlich, den Indern so viel Angst und Schrecken einzujagen, daß sie ohne Widerstand aufgeben würden.

Das größte Schiff, die *Romanie* aus Maskat, gab noch drei Kanonenschüsse ab, dann war die *Resolution* so nahe, daß ein Dutzend Piraten über das Bugspriet auf das Deck klettern konnte. Unter dem Feuerschutz ihrer Gefährten übernahm das Enterkommando im Handstreich die Kontrolle an Bord. Danach schickte Sievers die Beiboote zu den anderen Schiffen, um auch diese aufzubringen. Drei weitere Schiffe, die *Verpassa* und die *Ahmadi* aus Surat sowie die englische Ketsch *Josiah*, gelangten so nacheinander in die Gewalt der Piraten, wobei die überrumpelten Seeleute keine nennenswerte Gegenwehr leisteten. Die Besatzungen der drei übrigen Schiffe konnten noch rechtzeitig ihre Ankertrossen kappen und trieben innerhalb kurzer Zeit an den Strand, wo sie für die Angreifer unerreichbar waren.

Die Piraten begannen sogleich, die vier Prisen zu plündern. Da die *Verpassa* und die *Ahmadi* nach Calicut gekommen waren, um Teakholz und Baumwolle zu laden, entsprach die Beute sicherlich nicht den Erwartungen der Räuber. Die *Josiah* hatte immerhin einige wertvolle Textilien – vor allem Chintz und Kattun – an Bord. Außerdem fanden die Piraten eine beträchtliche Menge Opium auf den Prisen. Besonders willkommen waren auch die sechs Kanonen der *Romanie*. Mit ihnen ließ sich die Feuerkraft der *Resolution* erheblich verstärken. Die Schebecke war zwar ein vorzüglicher Segler, aber mit nur achtzehn Geschützen reichte ihre Bewaffnung kaum aus, um ein Gefecht mit einem europäischen Ostindienfahrer erfolgreich bestehen zu können. Darüber hinaus brachten die Piraten noch alle gefangenen Laskaren als Geiseln auf ihr Schiff. Bei Bedarf konnten sie diese auch als Sklaven behalten.

Am Nachmittag kam ein Boot mit einer weißen Flagge zur *Resolution*. An Bord hatte es einen Mann namens William Mason, der im Auftrag der Händler in Calicut herausfinden sollte, unter welchen Bedingungen die Piraten die gekaperten Schiffe wieder freigeben würden. Im Gespräch erfuhr Sievers, daß Mason selbst ein ehemaliger Seeräuber war. Bereits im Jahr 1689 hatte Mason zur Besatzung der vom legendären William Kidd kommandierten *Blessed William* gehört, die in der Karibik mehrere spanische Schiffe aufgebracht hatte. Nach einer äußerst erfolgreichen Kaperfahrt gegen die Franzosen im heutigen Kanada war Mason als Kapitän der Prise *Jacob* 1691 in den Indischen Ozean gesegelt. An der Küste Malabars war es aber zu einem Streit auf dem Schiff gekommen, und Mason hatte die *Jacob* zusammen mit achtzehn anderen Piraten verlassen. Wenig später war er dann von der ständig unter Personalmangel leidenden East India Company als Handlanger angeheuert worden.

Sievers machte Mason nun deutlich, daß er die Prisen nur gegen ein Lösegeld in der Höhe von zehntausend Pfund freigeben würde.

Wenn die Summe nicht am folgenden Abend bereitstünde, würde er alle Schiffe in Brand stecken. Sievers schrieb noch einen Brief, in dem er seine Forderung festhielt, anschließend ließ sich Mason wieder an Land zurückrudern. Um sich gegen einen möglichen Überraschungsangriff der Inder abzusichern, ordnete Sievers gegen Abend an, die Prisen weiter auf das offene Meer hinauszubringen. Da die indischen Schiffe keine Riemenluken hatten, mußten die Männer ihre Beiboote bemannen und eine Prise nach der anderen im Schlepptau hinausziehen.

Am nächsten Morgen kam Mason wieder. Nun hatte er einen Brief von den Vertretern der East India Company bei sich, in dem diese auf die prekäre Lage in Calicut hinwiesen. Schon kurz nach dem Angriff der Piraten waren aufgebrachte Inder zu der Handelsstation der Engländer gezogen, um sie für den Verlust ihrer Schiffe verantwortlich zu machen. Die Inder glaubten, alle Seeräuber kämen aus England und forderten deshalb von den Engländern in Calicut eine Regelung der Angelegenheit. Als Druckmittel blockierten sie die Faktorei, so daß die Händler der East India Company nicht ihrer gewohnten Tätigkeit nachgehen konnten. In dem Brief appellierten die Eingeschlossenen an die Piraten, das Leben und das Wohlergehen ihrer englischen Landsleute nicht zu gefährden. Doch mit solchen Argumenten war Sievers nicht zu beeindrucken. Er entgegnete kühl, er selbst sei kein Engländer, sondern ein Glücksritter, auf den in England der Galgen warte. Seeräuber würden keine Gnade kennen. Wenn die geforderte Summe nicht um zwölf Uhr am Mittag bereitstünde, würde er eines der Schiffe in Brand stecken.[21] Mit dieser Botschaft schickten die Piraten Mason zurück an Land. Jetzt konnten sie nichts anderes tun, als gespannt auf das Verstreichen des Ultimatums zu warten.

Nach einiger Zeit erschien das erwartete Boot mit Mason, aber anstatt des erhofften Lösegeldes brachte es nur einen weiteren Brief. Nun wiesen die Engländer darauf hin, daß die gekaperten Schiffe keine nennenswerte Fracht geladen hätten und deswegen keinesfalls zehntausend Pfund wert seien. Statt dessen boten sie im Namen der Inder ein Lösegeld in der Höhe von zwanzigtausend Rupien an, die einem Wert von etwas mehr als zweitausend Pfund entsprachen. Dieses Angebot lehnte Sievers barsch ab. Er drohte, sofort eine Prise in Flammen aufgehen zu lassen, wenn die geforderte Summe nicht unverzüglich gezahlt würde. Mason begab sich wieder an Land, und Stunden vergingen, ohne daß etwas geschah. Als gegen vier Uhr immer noch kein Boot mit dem erwarteten Lösegeld zu sehen war, beschlossen die Piraten zu handeln. Um die Aufmerksamkeit der Inder auf sich zu ziehen, feuerten sie zunächst zwei Kanonenschüsse ab, dann entfachten sie auf einem der gekaperten Schiffe ein Feuer. Schnell breitete es sich zu einem flammenden Inferno aus, und die Prise trieb langsam auf die Küste zu, wo sie schließlich vollkommen ausbrannte.

Ungefähr eine Stunde nach diesem Schauspiel ließ sich Mason wieder zur *Resolution* rudern. Er berichtete, daß die Inder lediglich fünftausend Pfund für die Schiffe aufbringen könnten. Diesen Betrag würden die Piraten jedoch nur erhalten, wenn sie keinen weiteren Schaden auf den Prisen anrichteten. Das Lösegeld würde dann so schnell wie möglich herbeigeschafft. Da Sievers mittlerweile davon überzeugt war, daß die Engländer eine Hinhaltetaktik verfolgten, beschloß er, seine Verhandlungsposition zu verbessern, indem er Mason als weiteres Faustpfand an Bord festsetzen ließ. Nach Absprache mit der Mannschaft gab Sievers den indischen Ruderern die Botschaft mit auf den Weg, die Piraten würden die angebotene Summe akzeptieren, der nächste Morgen aber wäre die letzte Frist für die Geldübergabe.

In den frühen Morgenstunden des folgenden Tages kam ein neuer Unterhändler zur *Resolution*, der sich als Kapitän Joseph Clayton vorstellte. Er versicherte, daß der geforderte Betrag noch vor Mittag bereitstünde. Darauf entgegnete Sievers, daß er mit seinem Schiff nicht länger als bis zwölf Uhr in Calicut bleiben werde. Nachdem Clayton von Bord gegangen war, mußten die Seeleute wieder stundenlang warten, und nichts geschah. Gegen sechs Uhr am Abend war die Geduld der Piraten am Ende. Sie setzten eine zweite Prise in Brand und ließen sie genau wie die erste auf den Strand treiben. Noch lange leuchtete die Feuersbrunst gegen den dunklen Himmel, dann brach die Gluthölle langsam in sich zusammen, und schließlich trieben nur noch wenige verkohlte Überreste im seichten Wasser umher. Die Spannung hatte ihren Höhepunkt erreicht. Sievers wußte, daß eine Entscheidung über den Erfolg oder Mißerfolg seines Raubzuges unmittelbar bevorstand.

Als am nächsten Morgen die Sonne über den Horizont stieg, erspähte die Wache der *Resolution* am Strand ungefähr zehn größere Segelboote – sogenannte Maschwas –, die dort in der Nacht angekommen sein mußten. Da die Inder selbst über keine Seestreitkräfte verfügten, hatten sie offenbar zur Rückeroberung der gekaperten Schiffe Marathen angeheuert. Seefahrer, die schon mit diesen Küstenpiraten zu tun gehabt hatten, wußten grausige Geschichten von ihnen zu erzählen. Um nun nicht selber Opfer von Seeräubern zu werden, ließ Sievers sofort die Ankertrosse der *Resolution* kappen. Jetzt war keine Zeit mehr zu verlieren. Weil in diesen frühen Morgenstunden fast Windstille herrschte, mußte seine Mannschaft zunächst rudern, um möglichst schnell auf das offene Meer zu entkommen.

Bei der überstürzten Flucht hatte Sievers beide Prisen zurücklassen müssen, die nun wieder von den Indern in Besitz genommen wurden. Gleich darauf machten sich die Marathen zusammen mit den übrigen Schiffen an die Verfolgung der in nördlicher Richtung entschwindenden *Resolution.* Während ein Teil der Besatzung nach Leibeskräften ruderte, kauerte der andere hinter den schußbereiten Kanonen und beobachtete ängstlich die sich nähernde Meute. Allem Anschein nach wollten es die Marathen aber nicht auf einen Kampf ankommen lassen und hielten sich außerhalb der Reichweite der Geschütze. Am Nachmittag kehrten dann immer mehr Verfolger um. Als kurz vor Sonnenuntergang nur noch wenige Boote zu sehen waren, setzten die Piraten Mason sowie einige gefangene Laskaren in einem erbeuteten Boot aus und änderten ihren Kurs in Richtung Süden.

Für Mason war die Angelegenheit damit allerdings noch nicht ausgestanden. Als er sich schon in Küstennähe befand, wurden die Marathen auf ihn aufmerksam und versuchten, sein Boot aufzubringen. Doch Mason war auf der Hut und entzog sich einer möglichen Gefangennahme, indem er kurzentschlossen ins Wasser sprang und an Land schwamm. Dort fielen jedoch einige Inder über ihn her und rissen ihm die gesamte Kleidung vom Leibe. Ihm blieb nichts übrig, als sich splitternackt auf den Weg zurück nach Calicut zu machen, wo er erst gegen zwei Uhr in der Nacht ankam.[22]

Sievers segelte mit seiner Mannschaft derweil nach Kap Comorin an der Südspitze Indiens. Hier mußten alle Schiffe vorbeikommen, die sich auf dem Weg von den großen europäischen Handelsstützpunkten an der Westküste des Subkontinents nach Bengalen oder in den Fernen Osten befanden. Bevor sich die Seeleute jedoch auf die Lauer nach reich beladenen Schiffen machten, schauten sie sich erst einmal an der Küste nach einem Ort um, wo sie ihre Beute aus Calicut gefahrlos verkaufen konnten. Hierfür schien das verschlafene Nest Kayalpatnam geeignet, das nur etwa fünfzig Meilen östlich von Kap Comorin entfernt lag. Zusammen mit einigen Gefährten ruderte Sievers im Beiboot an Land und suchte ein paar indische Händler auf. Nach mühsamen Verhandlungen gelang es den Seeräubern, wenigstens ihr Opium gegen einige Lebensmittel zu tauschen. Anschließend füllten die Piraten an einem nahen Fluß ihre Wasserfässer auf, dann stachen sie wieder in See.

In den folgenden Wochen durchstreifte die *Resolution* die Gewässer an der Südspitze des indischen Subkontinents. Doch ehe die Männer irgendeine Prise machen konnten, stießen sie auf zwei weitere Piratenschiffe, die hier gemeinsam auf Beute lauerten. Es handelte sich um eine über dreihundert Tonnen große Fregatte, die ebenfalls *Resolution* hieß, und die ungefähr zweihundert Tonnen große *Charming Mary*.

Die mit vierzig Geschützen bewaffnete *Resolution* hatte ursprünglich der East India Company gehört. Ende Mai 1696 war die vom berüchtigten Despoten Leonard Edgecombe kommandierte Fregatte von Bombay in Richtung China aufgebrochen. Als das Schiff Wochen später vor Sumatra lag, um Wasser und Brennholz aufzunehmen, konnten sich einige unzufriedene Besatzungsmitglieder Zugang zur Waffenkammer verschaffen und das Kommando an Bord übernehmen, wobei sie den Kapitän kaltblütig im Schlaf erschossen. Die Meuterer setzten noch einige Offiziere an Land aus und wählten den ehemaligen Lotsen Ralph Stout zum neuen Kommandanten, dann begannen sie einen Raubzug durch den Indischen Ozean.

Nur wenige Wochen später stieß die *Resolution* auf die *Charming Mary*. Deren Mannschaft bestand zum überwiegenden Teil aus ehemaligen Besatzungsmitgliedern der *Amity*. Thomas Tew war schon im Oktober 1695 in einem Gefecht mit einem indischen Schiff von einer Kanonenkugel getötet worden. Nach diesem Unglück ließ die Besatzung die Position des Kapitäns offen und segelte nach Madagaskar. Dort gelang es ihr, das viel größere Sklavenschiff *Charming Mary* aus Barbados in ihre Gewalt zu bringen. Kurzerhand tauschten die Seeleute ihre Schiffe, und während sich die Sklavenhändler mit der Schaluppe auf den Weg zurück in die Karibik machten, konnten die Piraten an der Küste Malabars einige kleinere Schiffe aufbringen. Später segelten sie zur Malakkastraße, aber dort geriet das Schiff in einen Sturm und wurde auf den Strand einer Insel gespült. Als die *Charming Mary* wieder flott war, stießen die Seeräuber anstatt auf reiche Beute nur auf die *Resolution*, mit der sie dann zusammen nach Indien zurückkehrten.[23]

Nachdem Sievers und Stout ihre Geschichten ausgetauscht hatten, trennten sich schon wieder ihre Wege. Offenbar konnten sie sich nicht darauf verständigen, gemeinsame Sache zu machen. Da alle drei Schiffe in den folgenden Wochen weiter in diesem beuteträchtigen Seegebiet kreuzten, dürften sich die Piraten allerdings noch einige Male begegnet sein.

Indessen stellten sich die geschäftstüchtigen Inder im Küstengebiet auf die Bedürfnisse der Seeräuber ein. Sobald sie ein Piratenschiff am Horizont sichteten, schickten sie ihre Boote zu den Seeleuten und boten ihnen Ziegen, Geflügel und frische Früchte zum Kauf an. So mußten die Besatzungen nur noch an Land gehen, wenn sie ihre Wasservorräte auffüllen wollten.

Am 24. Januar 1697 erspähte der Ausguck der *Resolution* endlich ein allein segelndes einmastiges Schiff. Es war die dänische Schaluppe *Christianus Quintus*, die vor allem im indischen Küstenhandel eingesetzt wurde. Das Schiff stellte eine leichte Beute dar. Nachdem die Piraten einen Schuß vor den Bug der Dänen abgefeuert hatten, strichen diese kampflos die Flagge. Kein Seemann war bereit, für Schiff und Ladung, die ihm nicht gehörten, sein Leben zu riskieren. Bei der anschließenden Durchsuchung der Prise fanden die Piraten allerdings keine Wertsachen, sondern nur zahlreiche Bleiplatten, die als Ballast dienten. So bestand die Beute nur aus den vorhandenen Schußwaffen samt Munition und einigen Bleiplatten.

Als die *Christianus Quintus* geplündert war, bot Sievers den Dänen an, sich ihm anzuschließen. Nach einer kurzen Bedenkzeit entschlossen sich fünf Besatzungsmitglieder, ihr armseliges Erwerbsleben auf dem dänischen Schiff zu beenden und auf die Seite der Piraten zu wechseln. Der Aussicht auf reiche Beute war nur schwer zu widerstehen. Sievers waren die Freiwilligen aber noch nicht genug: Er zwang außerdem noch den Navigator und einen Zimmermann, mit ihm zu segeln.[24] Seeleute mit besonderen Fähigkeiten wurden auf einem Piratenschiff immer gebraucht.

Sievers war nun schon zehn Monate zusammengepfercht in gedrängter Enge mit über hundert Männern unterwegs gewesen. Nur wenige kurze Landgänge hatten etwas Abwechslung in den monotonen Alltag auf See gebracht. Obwohl es den Seeleuten bislang noch nicht gelungen war, die ganz große Beute zu machen, sehnten sich alle nach einem längeren Aufenthalt irgendwo an Land. Doch für Piraten gab es nicht viele sichere Zufluchtsorte. An fast allen Küsten des Atlantischen und Indischen Ozeans mußten sie damit rechnen, von schwerbewaffneten Schiffen der europäischen Seemächte verfolgt zu werden. Es gab jedoch eine Ausnahme: Nach der ersten Kaperfahrt von Tew hatte sich bei den Seeleuten in Rhode Island und auch anderswo herumgesprochen, daß sich an der Ostseite Madagaskars eine kleine Insel befand, auf der Piraten fernab vom Zugriff des langen Arms des Gesetzes ihre Schiffe überholen und verproviantieren konnten. Dorthin wollte Sievers mit seinen Leuten jetzt segeln.

Um nach Madagaskar zu gelangen, mußte die *Resolution* zunächst einen südlichen Kurs einschlagen. Wochenlang segelten die Männer unter einem oft bewölkten Himmel über das offene Meer, bis sie in den Bereich des Südostpassats gelangten, der sie schneller in Richtung Afrika vorankommen ließ. Anfang März näherten sich die Piraten der Insel Mauritius. Als sie die ersten Vögel in der Ferne erblickten, wußten die Seeleute, daß ihr Ziel nicht mehr weit war, und wenig später tauchten dann die schroff aufragenden Bergrücken der Vulkaninsel am Horizont auf.

Mauritius stellte damals alles andere als ein Tropenparadies dar. Seit 1665 gab es hier eine kleine niederländische Kolonie, die sich in einem desolaten Zustand befand. Obwohl die Insel mit zahlreichen natürlichen Reichtümern gesegnet war, konnten die Siedler zu keiner Zeit die von der Oostindischen Compagnie geforderten Mengen an Pökelfleisch, Amber und Ebenholz liefern. Selbst eine ausreichende Versorgung mit Nahrungsmitteln bereitete große Schwierigkeiten. In manchen Jahren mußten die ungefähr ein- bis zweihundert Holländer auf Mauritius sogar durch Getreidelieferungen aus der Kolonie am Kap der Guten Hoffnung versorgt werden. Eines der größten Probleme lag in der explosionsartigen Vermehrung von Ratten, die schon mit den ersten europäischen Schiffen im ausgehenden 16. Jahrhundert auf die Insel gelangt waren und nun das gesamte Ökosystem bedrohten. Unter anderem wird die Ausrottung der einzigartigen Laufvögel, die von den Holländern Dodos

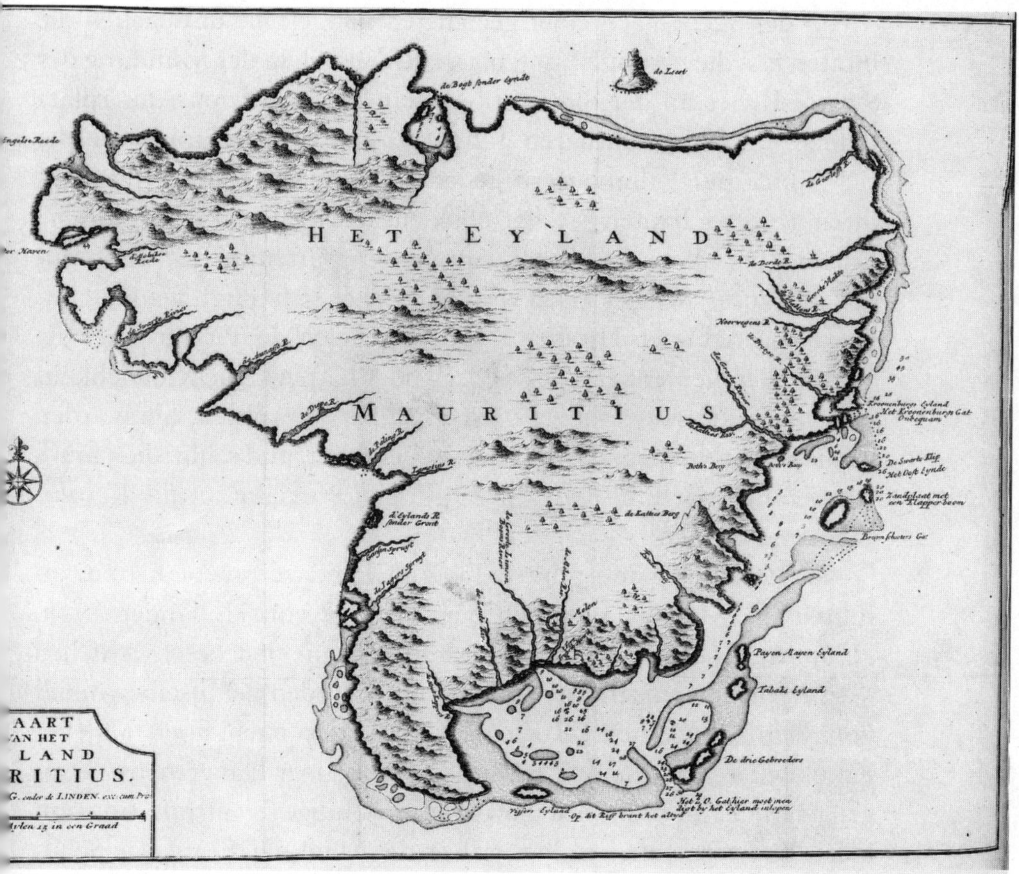

14 Eine niederländische Karte von Mauritius aus dem frühen 18. Jahrhundert. Die Mündung des Swarte Rivier befindet sich nordöstlich der Kompaßrose.

genannt wurden, auf die Rattenplage zurückgeführt. Die Gouverneure der Insel schrieben zahllose Berichte, in denen sie sich über Millionen von Ratten beklagten, die den Inselbewohnern die ohnehin knappen Nahrungsmittel wegfraßen. Etwa zur Zeit, als sich die *Resolution* Mauritius näherte, wurden die Siedler zudem von einer Epidemie heimgesucht, die einige Inselbewohner das Leben kostete.

Auf der Suche nach einer geeigneten Landestelle umsegelten die Piraten fast die gesamte Insel, bis sie schließlich in der Mündung des Swarte Rivier an der Südwestküste einen geschützten Ankerplatz fanden. In dem fruchtbaren Tal gab es nur wenige Holländer, die sich einige mit Palmblättern gedeckte Hütten gebaut hatten. Auf ihren Feldern bauten sie verschiedene europäische und indische Früchte, vor allem aber Tabak, an. In den Gärten hielten sie Geflügel, und zusätzliches Fleisch verschafften sie sich durch die Jagd mit ihren abgerichteten Hunden. Nun aber fielen die Piraten über die Vorräte der Siedler her. Die Niederländer hatten keine Möglichkeit, sich gegen die schwerbewaffneten Räuber zu wehren. Sie wurden zunächst gezwungen, die Seeleute zu bewirten, und schließlich mußten sie auch noch mithelfen, den übrigen Proviant auf die *Resolution* zu schleppen.

Nachdem sie schon etliche Tage an Land verbracht hatten, erfuhren die Männer, daß sich eine Gruppe von Holländern vom Hauptort an der Ostseite von Mauritius auf den beschwerlichen Weg zu ihnen gemacht hatte. Angeführt wurden die Inselbewohner von dem Gouverneur Roelof Deodati, der nach überstandener Krankheit noch so schwach war, daß er in einer Hängematte getragen werden mußte.[25] Da Sievers eine blutige Konfrontation auf jeden Fall vermeiden wollte, rief er die Mannschaft auf das Schiff und ließ die Segel setzen. Das Ziel hieß jetzt Madagaskar.

Die *Resolution* hatte gerade die nur etwa hundert Seemeilen westlich von Mauritius gelegene Insel Bourbon passiert, als ein starker Wind aufkam und sich der Himmel rasch verdunkelte. Mit sorgevollem Blick sah Sievers, daß sich etwas zusammenbraute. Er ließ das Schiff für den herannahenden Sturm klarmachen, und es dauerte nicht lange, bis einer der gefürchteten Wirbelstürme – ein sogenannter Zyklon – die See aufwühlte. Kaskadenhafte Regenfälle und die Gischt von meterhohen Wellen durchnäßten die Männer bis auf die Haut. Sie stolperten und rutschten über das von den Brechern überspülte Deck und konnten ihre Arbeit nur noch unter großer Gefahr verrichten. Um das langsam voll Wasser laufende Schiff vor dem Sinken zu bewahren, mußte die Mannschaft unaufhörlich die Pumpen bedienen. Schließlich ließ Sievers sogar die in Calicut erbeuteten Kanonen über Bord werfen. Die Seeleute hatten Todesangst, doch das Schlimmste sollte ihnen noch bevorstehen.

Der Sturm wurde stärker, und die Piraten waren auf Gedeih und Verderb den übermächtigen Naturgewalten ausgeliefert, die in Gestalt riesiger Wasserberge immer wieder von neuem über sie hereinbrachen. Als die *Resolution* mehrfach so tief in das Meer tauchte, daß die See über die Bordwand hereinbrach, drohte die Schebecke jeden Augenblick zu sinken. In diesen dramatischen Momenten blieb Sievers nichts übrig, als zum letzten Mittel zu greifen: Um den Schwerpunkt des Schiffes tiefer zu legen und dem Orkan weniger Angriffsfläche zu bieten, mußte er die Masten opfern. Dazu schlugen einige Besatzungsmitglieder mit ihren Äxten zunächst die Masten an, anschließend kappten sie die Wanten, so daß die gesamte Takelage mit einem lauten Krachen über Bord kippte. Nun war die Mannschaft schutz- und wehrlos der See ausgeliefert. Außerdem war das Schiff mit Wasser vollgelaufen und kaum noch manövrierfähig.[26] Noch Stunden, wenn nicht sogar Tage schaukelte die *Resolution* zwischen den Wellen hin und her. Die Seeleute pumpten mit letzten Kräften die Wassermassen aus dem Rumpf. Irgendwann ließ der Sturm dann nach und die völlig erschöpften Männer waren gerettet. Sie hatten noch einmal Glück gehabt.

Kapitel 5

Der Piratenschlupfwinkel Sainte Marie

Irgendwann im April oder Mai 1697 sichteten die Piraten Land. Sie hatten Madagaskar erreicht. Bei den Seefahrern war die rauhe Ostküste der Insel besonders gefürchtet, aber Sievers gelang es, die *Resolution* irgendwo im äußersten Nordosten sicher an Land zu bringen. Wie der gesamte Ostteil Madagaskars war auch diese Gegend dicht bewaldet. Es herrscht ein feuchtwarmes Klima, und von Dezember bis Mai regnet es dort fast täglich, so daß die Flüsse immer wieder über die Ufer treten. Auch außerhalb der Regenzeit gibt es oftmals kurze, aber intensive Schauer. Das Klima lockte die Piraten jedenfalls nicht nach Madagaskar.

Als die *Resolution* endlich auf dem Strand lag und die leidgeprüfte Besatzung wieder festen Boden unter den Füßen hatte, waren die Zimmerleute gefordert. Sie mußten in die Wälder ziehen, um möglichst lange astlose Bäume zu fällen und diese dann als Behelfsmasten herzurichten. Erst nach einigen Anstrengungen war die Schebecke wieder seetüchtig. Nun konnten die Männer an der Küste entlang in Richtung Süden segeln, um schließlich zum Piratenstützpunkt zu gelangen.

Am 9. Juni 1697 erreichte die *Resolution* dann die etwa zehn Seemeilen vor der Nordostküste Madagaskars liegende Insel Sainte Marie. Auf den ersten Blick hat das langgestreckte Eiland außer palmengesäumten Sandstränden und einer üppig wuchernden Tropenvegetation wenig zu bieten. Als die Piraten die Westseite der von sanften Hügeln bedeckten Insel entlangsegelten, fanden sie aber eine tiefe Bucht, die einen hervorragenden natürlichen Hafen bildete. Der Eingang der Bucht war durch eine flache Koralleninsel geschützt, die auf jeder Seite nur einen schmalen Wasserweg freigab. Um nicht auf irgendein verstecktes Riff zu laufen, ließ Sievers wahrscheinlich das Beiboot aussetzen, von dem aus die *Resolution* durch die gefährliche Passage in die Piratenbucht gelotst wurde. Die Schebecke gelangte nun in eine türkisschimmernde Lagune, die an ihrer Südseite leicht schiffbar war. In der Mitte der Bucht gab es eine weitere kleine Insel mit einem dicht bewachsenen Hügel. Im seichten Wasser lagen bereits vier Schiffe. Eines war die Prise, mit der Robert Glover acht Monate zuvor aus Indien weggesegelt war, bei einem anderen handelte es sich um die *John and Rebecca* von John Hoar. Nachdem die *Resolution* den Anker geworfen hatte, ging Sievers mit einigen Seeleuten an Land, wo sie gleich von einer Schar Piraten empfangen wurden.

Auf der Insel trafen die Piraten auch ihren abgesetzten Kapitän Robert Glover und seine Gefolgschaft wieder. Die arabische Prise war inzwischen so leck, daß die Mannschaft das Schiff aufgegeben hatte und nun auf eine andere Möglichkeit wartete, in die Heimat zurückzukehren. Als sie Sievers erblickten, keimte Hoffnung in ihnen auf. Glover paßte eine günstige Gelegenheit ab und fragte Sievers, ob er mit ihm zusammen nach Amerika segeln würde. Er versprach sogar, alles zu vergessen, was in der Vergangenheit vorgefallen war, wenn er nur sein Schiff zurückbekäme. Doch Sievers lehnte entschieden ab. Er würde Glover nur auf die *Resolution* lassen, wenn dieser mit ihm auf einen weiteren Raubzug nach Indien ginge. Das wollte Glover aber auf keinen Fall, und so mußte er sich nach einer anderen Gelegenheit umsehen, um wieder nach Amerika zu gelangen.

Die überwiegende Mehrheit der Piraten, die sich auf Sainte Marie aufhielten, gehörten zur *John and Rebecca*. Nach dem Desaster in Aden waren sie in den Persischen Golf gesegelt, doch dort hatten sie nur einige Boote mit Proviant aufgebracht. Erst an der Küste Malabars war ihnen dann ein etwa dreihundert Tonnen großes indisches Schiff in die Hände gefallen. An Bord gab es eine so große Menge wertvoller Tuche, daß John Hoar ein Prisenkommando auf das Schiff gesetzt und es gleich nach Madagaskar geschickt hatte. Die immer noch schwerbeladene Prise lag jetzt neben den anderen Schiffen am Ufer der Bucht.

In den folgenden Tagen fanden Sievers und seine Mannschaft viel Zeit, um sich auf der Insel umzusehen. An der Nordseite mündete ein Bach in die Bucht, aus dem man frisches Wasser schöpfen konnte. Gleich daneben, nicht weit vom Strand entfernt, standen auf einem Hügel zwei oder drei Hütten, eingezäunt von einer brüchigen Palisade, die mit acht leichten Schiffsgeschützen notdürftig gegen Angriffe von Land her gesichert war.[27] In den Hütten lebte der Einsiedler Adam Baldridge mit seiner madegassischen Frau, die aus einem nur wenige Meilen entfernten Eingeborenendorf stammte.

Unter den Piraten auf dem Eiland war es ein offenes Geheimnis, daß Adam Baldridge vor Jahren in Jamaica einen Mord begangen hatte und daraufhin aus der Karibik fliehen mußte. Im Januar 1691 war er auf dem Schiff eines New Yorker Großhändlers nach Sainte Marie gekommen. Zusammen mit einigen anderen Männern ließ sich Baldridge auf der Insel nieder, um den Sklavenhandel zu organisieren. Nach kurzer Zeit starben jedoch zwei Mitstreiter, und die anderen begaben sich auf dem nächsten Schiff wieder zurück nach Amerika, so daß Baldridge schon bald auf sich allein gestellt war. In

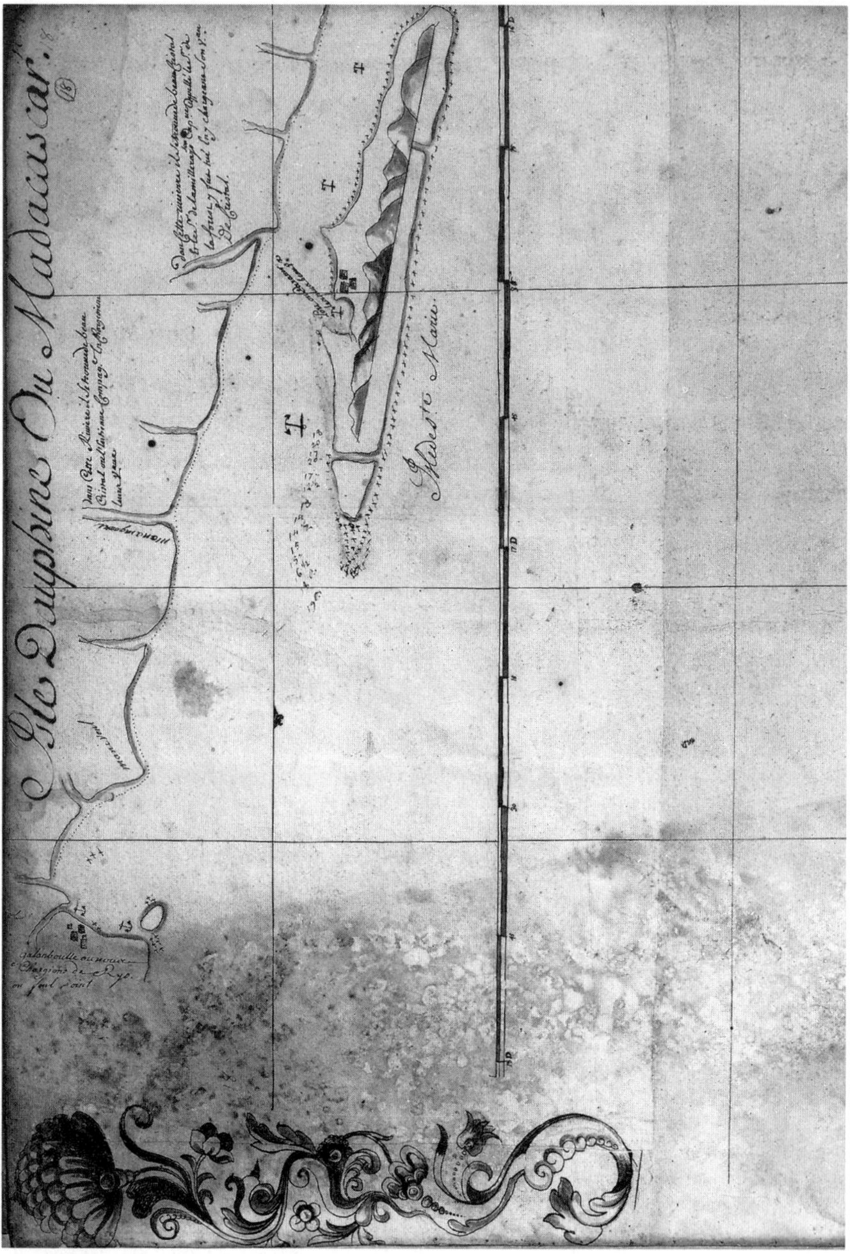

15 *Eine Karte der Insel Sainte Marie, die um 1700 von Dupré Eberard angefertigt wurde.*

den folgenden Monaten gewann er aber das Vertrauen der Inselbewohner, so daß sie mit ihm nach Madagaskar übersetzten, um ihn dort an einem erfolgreichen Feldzug gegen einen verfeindeten Stamm teilnehmen zu lassen. Als Belohnung für seinen Waffendienst erhielt er siebzig erbeutete Rinder und einige Kriegsgefangene als Sklaven. Zusammen mit den Sklaven baute sich Baldridge eine Hütte, in der er fortan lebte. Noch im selben Jahr gelang es Baldridge, seine Machtstellung unter den Bewohnern der Insel auszubauen, indem er als Unterhändler in den Norden Madagaskars segelte und einigen von ihnen half, ihre zuvor entführten Frauen und Kinder freizukaufen.

Als nach ein paar Jahren kaum noch Sklaven zum Verkauf nach Amerika zur Verfügung standen, begann Baldridge, einen schwunghaften Handel mit den Piraten aufzuziehen. Fast alle Seeräuber, die den Indischen Ozean durchstreiften, kamen früher oder später nach Sainte Marie, um hier die geplünderten Kostbarkeiten abzusetzen und sich dafür mit allem einzudecken, was sie auf ihren Raubzügen benötigten. Vor allen anderen Dingen brauchten die Männer natürlich Proviant. Baldridge war dafür bekannt, daß er die Seeleute mit ausreichend Geflügel, Reis, Jamswurzeln und verschiedenen anderen Früchten versorgte. Hin und wieder schickte er auch ein großes Boot zur Hauptinsel, um dort Rinder zu kaufen. Doch Baldridge war alles andere als ein Wohltäter. Für den Proviant mußten die Piraten selbstverständlich bezahlen – und das nicht zu knapp. So nahm Baldridge seinen Besuchern nach und nach ihre Beute ab, während sich sein Lager mit den wertvollsten Gütern des Ostens füllte.[28] Dabei mußte er stets darauf achten, seine Kundschaft nicht gegen sich aufzubringen, indem er sie allzu offensichtlich übervorteilte.

In all den Jahren, die Baldridge auf Sainte Marie verbrachte, hatte er fast ständig einen oder zwei Gesellen bei sich, die ihm halfen, die einträglichen Geschäfte mit den Seeräubern abzuwickeln. Einige von ihnen überbrückten nur die Zeit, um von einem Schiff auf das andere zu wechseln, andere blieben Jahre. Als Sievers sich in Madagaskar aufhielt, lebte gerade ein gewisser Lawrence Johnson bei Baldridge und half ihm, die wilde Schar unter Kontrolle zu halten.

Nur wenige Wochen nach der Ankunft der *Resolution* in Sainte Marie liefen zwei kleine Handelsschiffe aus New York in die Piratenbucht ein, und später kam noch ein Schiff aus Boston hinzu. Ihre Ladung bestand aus einer breiten Auswahl von Waren, die bei den Piraten begehrt waren, vor allem Kleidung, Munition und Schiffszubehör wie Segeltücher, Seile und Teer. Selbst Kleinigkeiten wie Nägel, Knöpfe, Kerzen, Löffel und Töpfe ließen sich bei den Piraten absetzen. Da sich die Seeleute nur ungern den Eßgewohnheiten der Madegassen anpaßten, hatten die Schiffe außerdem noch Pökelfleisch, Mehl, Erbsen und natürlich viel Alkohol an Bord. Der zahlungskräftigen Kundschaft sollte es an nichts fehlen.

Nachdem die beiden Schiffe vor Anker gegangen waren, begannen die Händler, ihre Fracht an den Mann zu bringen. Einige Piraten ruderten mit ihren Booten zu den Schiffen und nahmen dort die gewünschten Waren in Empfang. Die Bezahlung erfolgte entweder in bar oder durch Beutegut. Auch John Hoar witterte sofort eine Möglichkeit, die erbeuteten Textilien abzusetzen. Tagelang lag seine Prise Seite an Seite mit den Handelsschiffen, und die Seeleute schacherten um den Wert ihrer Sachen, bevor diese von einem Schiff auf das andere geladen wurden.[29]

Derart versorgt mit den liebgewonnenen Gütern der westlichen Welt konnten sich die Piraten einmal richtig von den Entbehrungen auf See erholen. Dabei ging es mitunter hoch her. Adam Baldridge und Lawrence Johnson versuchten zwar, soweit es ihre Macht zuließ, das Zusammenleben auf der Insel friedlich zu regeln, aber oftmals konnten sie den Exzessen keinen Einhalt gewähren. Außer dem Faustrecht und der Allmacht des Geldes galten in der Piratengemeinschaft keine Gesetze. Ständig lagen irgendwelche Seeräuber im Streit, und Gewalt gehörte zum Alltag auf Sainte Marie. So erfuhr die Besatzung der *Resolution*, daß es kurze Zeit vor ihrer Ankunft auf der Insel zu einem grauenhaften Massaker gekommen war. Eine

Gruppe von vierzehn Piraten hatte vermutlich im Suff beschlossen, ein Duell um ihre gesamte Beute auszutragen. Nachdem die Beteiligten alle ihre Wertsachen auf einen Haufen gelegt hatten, bildeten sie zwei Gruppen zu jeweils sieben und begannen vor versammelter Mannschaft einen Kampf auf Leben und Tod. Am Ende überlebten nur zwei Männer von einer Partei mit blutverschmierten Säbeln das Gemetzel und teilten die Beute unter sich auf.[30] Die den Seeräubern eigene Mischung aus Trunkenheit, Gier und Draufgängertum trieb manchmal wahnwitzige Blüten.

Die größte Bedrohung für die Piraten lauerte aber woanders. Gegen Ende Juni 1697 grassierte auf der Insel eine fiebrige Infektionskrankheit. Innerhalb weniger Tage steckten sich zahlreiche Seeleute an und befanden sich schnell in einem elenden Zustand. Der Schiffsarzt der *John and Rebecca*, Robert Munday, kümmerte sich so gut wie möglich um die Kranken, aber für die meisten konnte er nicht mehr viel tun. Ein Seemann nach dem anderen starb und mußte ohne große Zeremonie am Rande der Piratenbucht begraben werden. Zur Ehre des Verstorbenen feuerte die Trauergemeinde noch drei Pistolenschüsse ab, dann ging man wieder zur Tagesordnung über. Spätestens hier lernten die Männer die tödlichen Gefahren der Seefahrt in tropischen Regionen kennen. Über die Ursachen und Ansteckungswege dieser heimtückischen Krankheiten wußte man so gut wie nichts. Entsprechend hoch war die Sterberate.

Einige schon vom Tod gezeichnete Piraten konnten noch ein Testament aufsetzen und ihren Nachlaß regeln. Die meisten vermachten die Beute wohl ihren engsten Freunden. Diejenigen, die eine Familie hatten, versuchten sicherlich, die Beute mit einem Händler in die Heimat zu schicken. Sogar Robert Munday dürfte trotz seiner augenscheinlichen Hilflosigkeit einiges geerbt haben. Als die Epidemie überstanden war, zählte sein Besitz jedenfalls fast fünfhundert arabische Goldstücke, einen stattlichen Haufen Silbermünzen, fünfzehn Edelsteine und eine Kiste voller Perlen. Natürlich unternahm Munday mit diesen Reichtümern keinen weiteren

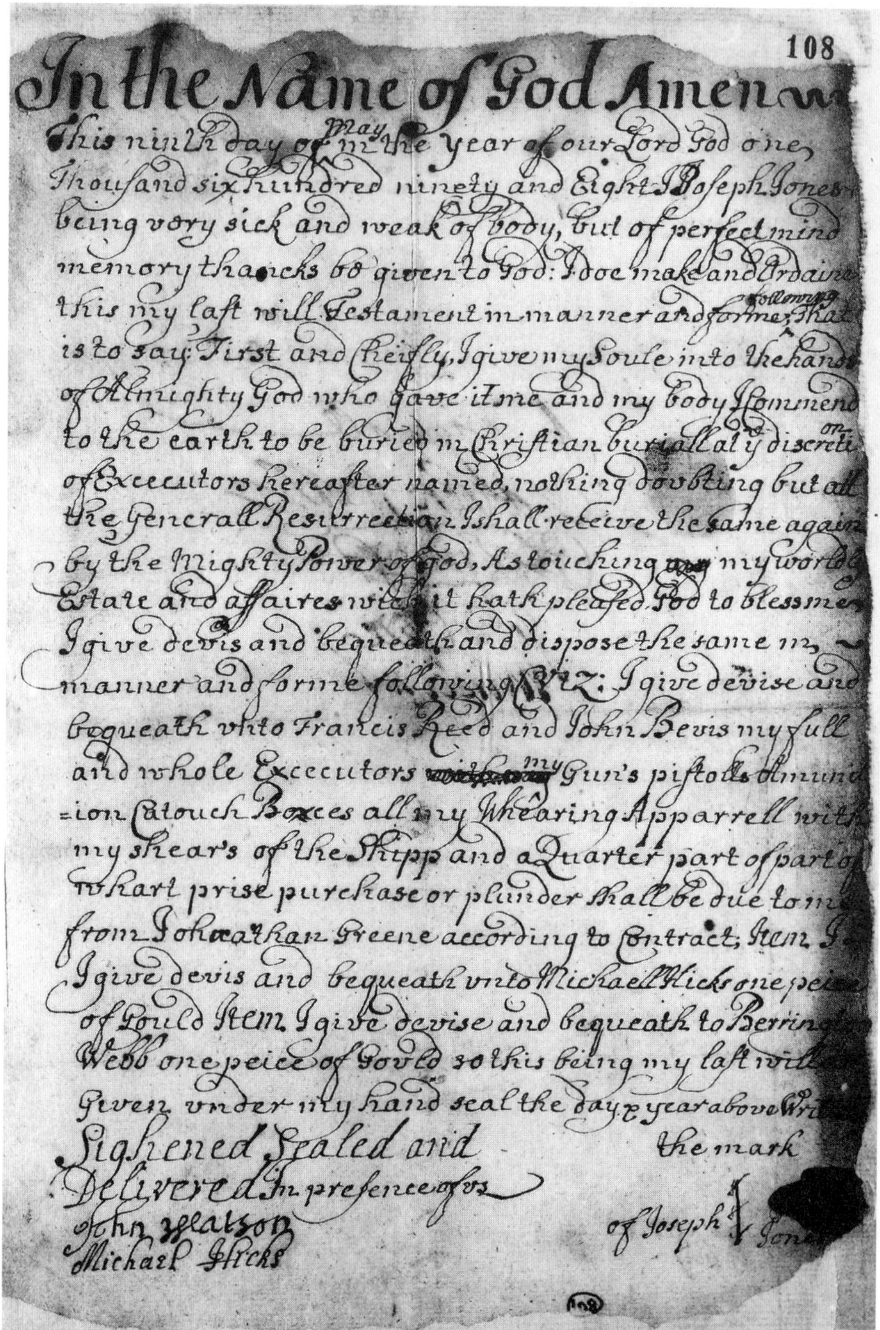
108

In the Name of God Amen

This ninth day of May in the Year of our Lord God one
Thousand six hundred ninety and Eight I Joseph Jones
being very sick and weak of body, but of perfect mind
memory thancks be given to God: I doe make and Ordaine
this my last will Testament in manner and forme following that
is to say: First and Cheifly, I give my Soule into the hands
of Almighty God who gave it me and my body I Commend
to the earth to be buried in Christian buriall at y discretion
of Executors hereafter named, nothing doubting but at
the Generall Resurrection I shall receive the same again
by the Mighty Power of God, As touching my my worldly
Estate and affaires wch it hath pleased God to bless me
I give devis and bequeath and dispose the same in
manner and forme following Viz: I give devise and
bequeath unto Francis Reed and John Bevis my full
and whole Executors with my Gun's pistolls Ammun
=ion Catouch Boxces all my Whearing Apparrell with
my shear's of the Shipp and a Quarter part of part of
what prise purchase or plunder shall be due to me
from Johnathan Greene according to Contract; Item I
I give devis and bequeath unto Michaell Hicks one peice
of Gould Item I give devise and bequeath to Berrington
Webb one peice of Gould so this being my last will
Given under my hand seal the day & year above Written

Sighened Sealed and
Delivered In presence of us
John Watson
Michael Hicks

the mark
of Joseph Jones

Beutezug, sondern heuerte auf einem der Handelsschiffe an und begab sich auf dem schnellsten Weg wieder zurück in die amerikanischen Kolonien.[31]

Zu den Opfern der Epidemie gehörte auch John Hoar. Nach seinem Tod beschlossen die meisten überlebenden Besatzungsmitglieder der *John and Rebecca*, in die Heimat zurückzukehren. Von ihrer Beute hatten sie zwar nicht mehr viel übrig, aber die Piraten spekulierten auf ein gutes Geschäft im Sklavenhandel. Sollte es ihnen gelingen, eine Ladung Sklaven nach Amerika zu verschiffen, dann winkte ein stattlicher Gewinn. Mitte Juli kielholten sie ihr Schiff, beluden es mit genügend Proviant für die lange Reise über den Atlantischen Ozean und machten sich im Anschluß daran unter dem Kommando ihres Navigators Charles Packer auf die Fahrt entlang der Küste Madagaskars, wo sie möglichst viele Sklaven erwerben, vielleicht sogar selbst fangen wollten.

Etwa zur gleichen Zeit begann auch Sievers, Vorbereitungen für einen weiteren Raubzug zu treffen. Zwar waren zahlreiche Besatzungsmitglieder der *Resolution* der Epidemie zum Opfer gefallen, aber solche Verluste ließen sich leicht ersetzen. Auf der Insel lungerten viele Seeleute, die kaum noch genügend Geld für ihr Auskommen hatten. Ihnen blieb keine Wahl, als bei nächster Gelegenheit wieder auf einem Schiff anzuheuern. Unter diesen mittellosen Piraten befand sich auch John Eldridge, der frühere Bootsmann der *John and Rebecca*. Er wurde der neue Navigator auf der *Resolution*. Bereits vor Jahren war Eldridge auf Handelsschiffen der East India Company durch den Indischen Ozean gesegelt, so daß er nicht

16 Das Testament des Piraten Joseph Jones, der im Mai 1698 auf Madagaskar starb. Vor seiner Fahrt in den Indischen Ozean hatte sich Jones bei Jonathan Greene Geld geliehen und sich dafür verpflichtet, ihm später ein Viertel von seiner Beute zurückzuzahlen. Wie so viele Piraten konnte auch Jones nicht einmal seinen Namen schreiben. Seine Signatur ist der Strich mit den drei Haken rechts unten.

nur die Gewässer, sondern auch die Routen kannte, auf denen die besonders reich beladenen Schiffe in dieser Region unterwegs waren. Für Seeräuber waren derartige Informationen eine wichtige Voraussetzung für den Erfolg. Und den wollten alle – je früher, desto besser.

Bevor Sievers jedoch wieder in See stechen konnte, mußten die Behelfsmasten der *Resolution* durch eine neue Takelage ersetzt werden. Zu diesem Zweck beabsichtigten die Seeleute, die in der Bucht liegende *Amity* auszuschlachten. Das Schiff war bekanntlich von seiner Besatzung gegen die *Charming Mary* getauscht worden, und während Tews ehemalige Mannschaft sich auf den Weg zur Malakkastraße gemacht hatte, waren die Sklavenhändler mit der *Amity* nach Barbados gesegelt. Dort war das Schiff im Sommer 1696 mit zwei neuen Masten in eine Brigantine umgetakelt und anschließend gleich wieder auf eine Handelsreise nach Madagaskar geschickt worden. In Sainte Marie hatten dann aber die meisten Besatzungsmitglieder die inzwischen leckgeschlagene *Amity* verlassen, um auf einem vorbeikommenden Piratenschiff ihr Glück zu suchen.[32] Seitdem lag das herrenlose Schiff auf dem Strand und verrottete im feuchtwarmen Klima der Insel.

Sievers und seine Mannschaft machten sich ans Werk. Zuerst mußte die gesamte Takelage von der *Amity* demontiert werden. Nachdem der Rumpf der *Resolution* mit neuen Mastfüßen und Fischungen versehen war, konnten die Masten installiert werden. In wochenlanger Arbeit wurde aus der vom Orkan gezeichneten Schebecke eine zweimastige Brigantine mit einer Rahbetakelung am Fockmast und einem Schratsegel am Hauptmast. Neben der Takelage fanden auch die noch recht neuen Wasserfässer auf der *Resolution* Verwendung. Als von der einst stolzen *Amity* schließlich kaum mehr als der morsche Rumpf übrig war, ließen die Seeleute das Wrack auf ein Riff laufen, wo die Brandung innerhalb kurzer Zeit den Rest erledigte.

Sobald die *Resolution* wieder seetüchtig war, beschloß die Besatzung, ihr einen neuen Namen zu geben. Sie sollte fortan *Soldado* heißen. Wie die Männer auf diesen Namen gekommen waren, läßt sich nicht mehr feststellen. Möglicherweise bestand eine Verbindung zu einem Schiff der Royal Navy, das etwa zur gleichen Zeit ebenfalls den Namen *Soldado* trug.

Danach mußte die umgetakelte Schebecke verproviantiert werden. Zunächst kauften Sievers und seine Mannschaft einem der Händler aus New York fast seine gesamte Ladung an Mehl, Erbsen und Pökelfleisch ab. Die Bezahlung des Proviants bereitete den Seeleuten jedoch einige Probleme. Aufgrund eines Überangebotes geraubter Textilien war es den Männern nicht gelungen, ihre Beute aus Calicut für einen halbwegs befriedigenden Gegenwert abzusetzen. Selbst als einige Besatzungsmitglieder noch ein wenig Geld dazuschossen, reichte die Summe nicht aus, um sich einen ausreichenden Vorrat zuzulegen. In dieser Situation bot Baldridge den Piraten an, bei den Madegassen Rinder, Geflügel und vermutlich auch eine große Menge Reis zu besorgen. Dafür mußten die Seeleute den Rest ihrer Textilien als Pfand in einer der Hütten hinterlegen.[33] Sollten sie später mit üppiger Beute zurückkehren, dann konnten sie bei Baldridge ihre Schuld begleichen und die wertvollen Güter mit nach Amerika nehmen.

Am 25. September setzte die neue Mannschaft der *Soldado* die Segel. Ihr Ziel war die Malakkastraße, der Knotenpunkt aller östlichen Seerouten. Dort wollten sie den reich beladenen Schiffen auflauern, die zwischen Indien, China und den Gewürzinseln Indonesiens unterwegs waren – ein lohnendes Ziel, wie die Piraten glaubten.

Kapitel 6

Eine Fahrt in den Fernen Osten

Der Weg von Madagaskar in den Fernen Osten war weit und beschwerlich. Vermutlich nahmen die Piraten zunächst Kurs auf Ceylon und von dort aus weiter in östlicher Richtung. Auf ihrer Fahrt waren die Männer wochenlang den Gewalten der Natur ausgeliefert, und weit und breit war kein Land in Sicht. Dafür zogen zahllose Unwetter über das Schiff hinweg. Als dann auch noch der Skorbut an Bord grassierte, wurde es langsam kritisch. Immer mehr Seeleute mußten unter Deck bleiben, weil sie schon so geschwächt waren, daß sie nicht mehr die schwere Arbeit in der Takelage verrichten konnten. In dieser angespannten Situation dürften Sievers und Eldridge immer wieder die Karten mit der errechneten Position des Schiffes verglichen haben. Die Tage, bis sich der lang ersehnte dunkle Streifen über den Horizont schieben würde, schienen kein Ende zu nehmen.

Irgendwann im Dezember 1697 erspähte der Ausguck Land. Die *Soldado* hatte endlich die vor dem Eingang der Malakkastraße gelegenen Nikobaren erreicht. Im südlichen Teil dieser weit verstreuten Inselgruppe gibt es einige Berge, die steil ins Meer abfallen, sonst ist das Land eher flach und von dichtem Urwald bedeckt. Schon bald entdeckten die Piraten zahlreiche idyllische Buchten, deren sandige Strände von hochstämmigen Kokospalmen gesäumt waren. Doch die Seeleute hatten wahrscheinlich keinen Sinn für die Schönheiten der Natur, sie hatten vor allem Hunger und benötigten dringend Proviant.

Während das Schiff die Küste der Inseln entlangsegelte, kamen bald einige Einheimische mit ihren Langbooten zu den Piraten gerudert. Obwohl ihnen der grausige Ruf des Kannibalismus anhaftete, erwiesen sie sich eher als geschäftstüchtige Zeitgenossen. Sie boten den vorbeikommenden Seefahrern Proviant an – Schweine, Geflügel, Trockenfisch und Kokosnüsse –, allerdings nicht, ohne dafür einen gehörigen Preis in Gold oder Silber zu verlangen.[34] Den ausgemergelten Seeleuten blieb nichts übrig, als ihr weniges Geld zusammenzulegen und den Insulanern einige Lebensmittel abzukaufen.

Nachdem der Rumpf der *Soldado* an einem einsamen Strand gereinigt worden war und sich die Piraten mit dem Nötigsten versorgt hatten, stachen sie wieder in See. Tagaus, tagein durchstreifte das Schiff die Malakkastraße, aber die Seeräuber konnten keine einzige Prise machen. Langsam wurde die Besatzung unruhig. Es kam zu Spannungen an Bord, und vielleicht wurden auch Zweifel an den Fähigkeiten des Kapitäns laut. Eine solche Situation war die wahre Bewährungsprobe für einen Piratenkapitän, und Sievers dürfte alle Hände voll zu tun gehabt haben, eine mögliche Meuterei zu verhindern.

Angesichts der vielen europäischen und asiatischen Schiffe, die auf der Gewürzroute unterwegs waren, scheint es allerdings wenig wahrscheinlich, daß Sievers und seine Mannschaft in all den Wochen kein einziges Schiff zu Gesicht bekamen. Bevor sie jedoch ein Schiff angriffen, mußte es gründlich mit einem Fernrohr studiert werden. Vermutlich erwiesen sich zumindest einige Schiffe bei der Beobachtung als schwerbewaffnete Fregatten, und so ließen die Piraten sie lieber gleich ziehen. Viele europäische Ostindienfahrer schützten sich auch gegen die Angriffe von Seeräubern sowie Kriegsgegnern, indem sie sich zu Geleitzügen zusammenschlossen. Gegen eine derartige Übermacht hatte ein einzelnes Piratenschiff natürlich keine Chance.

So dümpelte die *Soldado* wochenlang erfolglos durch die Malakkastraße. Die Männer saßen wahrscheinlich den ganzen Tag auf dem Deck und hielen vergeblich nach möglichen Prisen Ausschau. Gegen Ende Februar tauchte dann plötzlich eine chinesische Dschunke am Horizont auf. Schnell war das nur leicht bewaffnete Schiff erreicht, und einige Piraten enterten den Segler. Ohne auf Gegenwehr zu stoßen, machten sie sich über seine Ladung her. Bei der Durchsuchung fanden die Räuber nicht nur eine beträchtliche Menge Proviant, sie entdeckten auch Goldstaub und Münzen, deren Wert sich auf ungefähr zweihundert Pfund Sterling belief. Bevor die Beute jedoch unter der Mannschaft verteilt wurde, stand denjenigen Besatzungsmitgliedern, die auf Sainte Marie und den Nikobaren die Lebensmittel bezahlt hatten, noch eine Erstattung ihrer Auslagen zu. Nachdem alle Seeleute ihre Ansprüche geltend gemacht hatten, war kaum noch Beute zum Verteilen übrig.[35] Wieder einmal blieb der erhoffte Lohn für die Strapazen aus.

In dieser Situation konnte Sievers keine weiteren Fehlschläge riskieren. Die Mannschaft brauchte ein neues Ziel. Solange die erbeuteten Vorräte ausreichten, wollten die Seeleute wieder Kurs auf Indien nehmen. Wahrscheinlich mußten die Männer noch ihre Wasserfässer irgendwo an der Küste auffüllen, dann ließ Sievers die Segel setzen, und die Piraten nutzten die in dieser Jahreszeit vorherrschenden nordöstlichen Winde, um ohne Schwierigkeiten nach Kap Comorin zu gelangen.

Nach ungefähr zwei bis drei Wochen erreichte die Soldado das Seegebiet an der Südspitze Indiens. Diesmal wurden die Piraten auf keine Geduldsprobe gestellt. Am frühen Morgen des 2. April 1698 erspähte der Ausguck ein in Richtung Osten segelndes zweimastiges Schiff. Sofort nahm Sievers mit seinen Leuten die Verfolgung auf und jagte dem Schiff hinterher. Als gegen Mittag eine Flaute einsetzte, ließ Sievers die Riemen durch die Luken schieben und die Besatzung mußte rudern. Doch auch die Verfolgten wußten sich zu helfen: Sie setzten zwei oder drei Ruderboote aus und zogen ihr Schiff hinter sich her. Noch lange gaben beide Mannschaften ihr Letztes, dann endlich – nach neun Stunden – hatten die völlig erschöpften Seeräuber das englische Schiff mit dem Namen Sedgewick erreicht. Kampflos strichen die Engländer die Flagge. Als die ersten Piraten auf das Schiff kletterten, wurden sie von Kapitän Lockyer Watts empfangen, der ihnen zugleich eröffnete, daß er nur Pfeffer geladen habe. Ungläubig durchwühlten die Männer ihre Prise, aber es ließen sich in der Tat keine Wertsachen an Bord finden.

Wenig später begab sich auch Sievers auf die Prise und befragte den Kapitän über die Geschäfte der East India Company. Da der Kommandant offenbar befürchtete, von den enttäuschten Piraten mißhandelt zu werden, versuchte er die brenzlige Situation zu entschärfen, indem er ihnen großzügig Punsch aus den Vorräten der *Sedgewick* einschänkte. Sievers und seine Mannschaft wußten diese Geste zu schätzen: Hatten sie zunächst in Erwägung gezogen, gleich das ganze Schiff mitzunehmen, so begnügten sie sich letztendlich mit zwei neuen Segeltüchern, etwas Tauwerk, Pech, Teer und anderem Schiffszubehör. Anschließend gingen sie von Bord und ließen die Engländer unbehelligt ihre Fahrt fortsetzen.[36]

Als die Wirkung des Alkohols allmählich nachließ, dürfte sich unter der Besatzung der *Soldado* eine Katerstimmung breitgemacht haben. Wie so oft waren die Anstrengungen groß, die Ausbeute hingegen mager gewesen. Die Mannschaft wurde zusammengerufen, um die Situation zu beraten. Vom Kapitän der *Sedgewick* hatte Sievers erfahren, daß die häufigen Piratenüberfälle bereits zu einer großen Aufregung unter den Engländern geführt hatten. Es schien deshalb ratsam, das Seegebiet möglichst schnell wieder zu verlassen. So beschlossen die Piraten, zurück nach Madagaskar zu segeln. Dort wollten sie ihr Schiff zunächst einmal überholen, und wenn nichts dazwischenkam, konnten sie sich im August wieder auf die Lauer nach der Pilgerflotte legen. Doch jetzt war keine Zeit mehr zu verlieren. Die nördlichen Winde wurden immer schwächer, und in einigen Wochen würde der Südwestmonsun einsetzen. Die Männer ergänzten noch ihre Vorräte, dann machten sie sich auf den Weg nach Madagaskar. Diesmal steuerte Sievers allerdings nicht Sainte Marie, sondern die Westküste der Insel an. Vermutlich wollten die Seeleute einen Aufenthalt im Piratenstützpunkt vermeiden, weil sie sich den teuren Proviant dort nicht mehr leisten konnten.

Ende Juni erreichten die Piraten Madagaskar. Ihr Ziel war die Bucht von Saint Augustin im Südwesten der Insel. Als die *Soldado* die Küste entlangsegelte, erkannten die Männer schon von weitem einen markanten Tafelberg, der von den englischen Seeleuten Westminster Hall genannt wurde. Südwestlich davon befand sich der Eingang der Bucht, der im Norden durch einen Riffgürtel und im Süden durch zwei gefährliche Felsen begrenzt war.[37] Bei der Einfahrt in die Bucht mußte ein Besatzungsmitglied ständig mit einem Lot die Tiefe unter dem Kiel messen, denn vor der Küste gab es einige Sandbänke, auf denen besonders bei Niedrigwasser ein Schiff leicht stranden konnte. Schließlich ließ Sievers am südlichen Rand der Bucht den Anker werfen, und einige Seeleute ruderten mit dem Beiboot an Land.

Nicht weit vom Ufer entfernt entdeckten die Piraten möglicherweise Überreste einer kleinen englischen Kolonie, die hier 1645 gegründet worden war. Bedingt durch eine Dürre und ständige Konflikte mit den Einheimischen, die achtzig von hundertvierzig Siedlern das Leben gekostet hatten, war sie aber nach fünfzehn Monaten schon wieder aufgegeben worden. Bevor die Engländer die Kolonie verließen, hatten sie noch ihre Hütten abgebrannt, so daß sie nicht den feindseligen Madegassen als Behausung dienen konnten. Nur eine Hütte hatten sie stehengelassen, um gestrandeten Seeleuten wenigstens eine Unterschlupfmöglichkeit zu geben. Nach über fünfzig

M
K
I
H
A
B
C
D
E
F
G
A
1
2
3
4
3
2
1
10

Jahren war aber auch diese letzte Unterkunft wahrscheinlich schon längst verfallen.

Trotz der Aufgabe der Kolonie entwickelte sich die Bucht von Saint Augustin in der Folgezeit zu einer beliebten Anlaufstelle für vorbeikommende Seefahrer. Gut eine Viertelmeile flußaufwärts befand sich eine Wasserstelle, und am Fuße der nicht weit entfernten Berge lag ein Dorf mit etwa fünfzig Strohhütten, in dem der Volksstamm von König Rer Bafoga lebte.

Als die Besatzungsmitglieder der *Soldado* in das von einem dichten Dornengestrüpp umgebene Dorf kamen, um Proviant zu kaufen, stießen sie auf einige englische Seeleute, deren Schiff im Mai des vorangegangenen Jahres an der Nordwestküste Madagaskars gestrandet war. Die Männer hatten zunächst neun Monate an Land verbracht, ohne daß auch nur ein einziges Schiff vorbeigekommen war. In ihrer Verzweiflung hatten sie schließlich beschlossen, nach Saint Augustin zu marschieren. Fast zwei Monate waren sie unterwegs gewesen, ständig dem Verhungern nahe, bis sie völlig erschöpft ihr Ziel erreicht hatten. Wollten sie nun nicht noch länger auf der Insel festsitzen, so blieb ihnen nichts übrig, als sich den Piraten anzuschließen.[38]

Nachdem sich Sievers und seine Besatzung von den Strapazen der langen Fahrt erholt hatten, wendeten sie sich den notwendigen Aufgaben zu. Sie zogen die *Soldado* auf den Strand und entfernten den Bewuchs, der sich in den vergangenen Monaten am Rumpf festgesetzt hatte. Anschließend wurde das Schiff mit einem neuen Anstrich aus dem erbeuteten Pech und Teer versehen. Nach all den Enttäuschungen der letzten Monate hatten die Piraten schon wieder große Pläne.

17 Eine Karte der Bucht von Saint Augustin, die der englische Kapitän Charles Wylde im Jahr 1642 angefertigt hat. Der Buchstabe D bezeichnet die beste Ankerstelle, G ist die Flußmündung, die sogenannte Westminster Hall ist mit einem L markiert, und M bezeichnet das große Riff, das die gesamte Bucht zur offenen See hin schützte. Am linken Rand ist die Küstenansicht aus der Perspektive des herannahenden Seefahrers abgebildet.

Kapitel 7

Auf Jagd nach reicher Beute

Als die *Soldado* im Juli 1698 überholt und neu verproviantiert war, setzten die Piraten die Segel und nahmen Kurs in Richtung Norden. Sievers und seine Mannschaft wußten, daß dies wahrscheinlich ihre letzte Fahrt auf der umgetakelten Schebecke sein würde. Der Rumpf war schon so morsch und brüchig, daß das Schiff bald Wasser machte. So standen die Seeleute stundenlang an den Pumpen und versuchten, den Wasserstand in der Bilge möglichst niedrig zu halten. Normalerweise war das eine Arbeit für Sklaven, doch weil es die an Bord nicht gab, wurden vor allem die gerade in Madagaskar aufgelesenen Engländer für diese monotone Schinderei herangezogen.

Das Ziel der Fahrt war zwar wieder die Pilgerflotte, aber diesmal beabsichtigte Sievers, die Inder nicht schon am Eingang des Roten Meeres, sondern erst kurz vor dem Erreichen ihres Heimathafens in Surat abzufangen. Möglicherweise spekulierten die Piraten darauf,

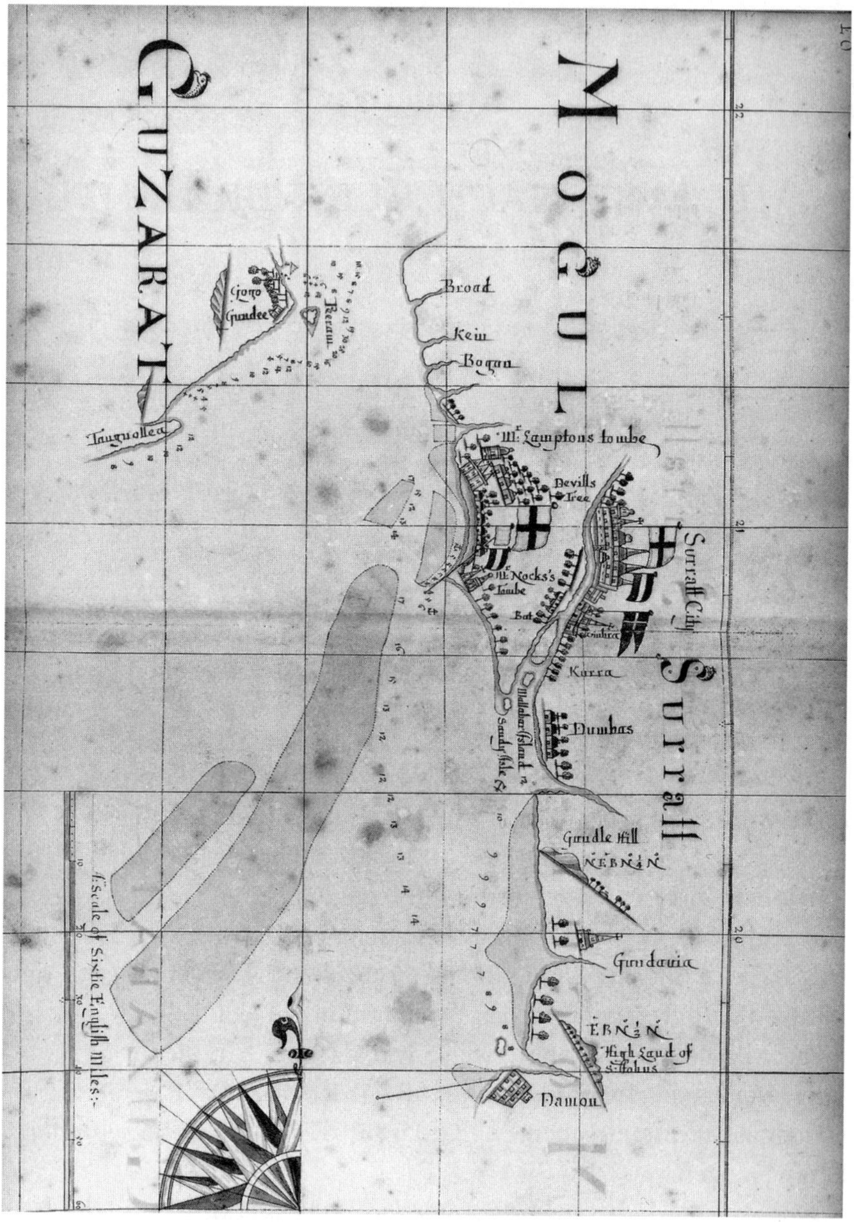

18 Die nördliche Westküste Indiens nach William Hacke. Die Fahnen stehen für die Handelsstationen der europäischen Seemächte, die Sandbänke sind als dunkle Flächen markiert.

dort die Pilger unvorbereitet zu erwischen. Auf jeden Fall entgingen sie der unerträglichen Hitze an der arabischen Küste. Dafür nahmen sie allerdings den Monsunregen in Kauf, der immer häufiger und auch heftiger wurde, je näher die Seeleute der indischen Küste kamen.

Ende August erreichte die *Soldado* auf der Höhe des Berglandes von Saint John den indischen Subkontinent. Alle Schiffe, die sich auf dem Weg nach Surat befanden, mußten von hier aus entlang der Küste nach Norden segeln, denn ungefähr zwanzig Seemeilen vor dem Festland lagen einige langgestreckte Sandbänke, die einen direkten Zugang aus westlicher Richtung versperrten. In dieser Wasserstraße wollten die Piraten auf die Pilger lauern. Hier hatte Every bereits die *Ganj-i Sawai* aufgebracht. Seitdem waren jedoch schon drei Jahre vergangen, und Sievers hatte immer noch nicht seinen großen Fang gemacht. Er konnte nur hoffen, daß sich das bald ändern würde.

Nach nur wenigen Tagen erspähte der Ausguck völlig unvermittelt einen dreimastigen Rahsegler, wie er von den europäischen Handelsgesellschaften im Indischen Ozean eingesetzt wurde. Sofort ließ Sievers die Geschütze in Stellung bringen, und die Seeleute belauerten gespannt das fremde Schiff. Doch bevor es zu einem Schußwechsel kommen konnte, erkannte Sievers, daß es sich auch um Piraten handelte. Es war die *Resolution* von Ralph Stout, die er bereits im Januar 1697 vor Kap Comorin getroffen hatte.

Wie bei anderen Schiffen – so etwa Everys *Fancy* –, die durch eine Meuterei in die Piraterie gelangt waren, war auch der Weg der *Resolution* durch die oftmalige Anwendung von roher Gewalt gekennzeichnet. Schon kurz nach dem ersten Zusammentreffen mit Sievers konnte Stout das englische Küstenschiff *Satisfaction* aufbringen. Die geplünderte Prise wurde versenkt, die Besatzung behielten die Piraten als Gefangene an Bord. Wenig später fiel noch ein portugiesisches Schiff, das aus China kam, in ihre Hände.

Als die Seeleute nicht gleich die Verstecke aller Wertsachen preisgaben, wurden sie brutal gefoltert. Einige starben, die Überlebenden wurden später an Land ausgesetzt. Daraufhin segelten die Piraten zu den Malediven, wo sie zunächst ihr Schiff kielholten und dann einige Inseldörfer brandschatzten. Dabei kam es auch zu einem heftigen Streit mit der Besatzung der *Charming Mary*, die monatelang zusammen mit der *Resolution* gesegelt war, und so trennten sich die Wege der Seeräuber.

Anschließend segelte die *Resolution* zur Malakkastraße, wo die Männer schon bald ein weiteres reich beladenes portugiesisches Schiff kapern konnten. Im Juni 1697 endete jedoch die Glückssträhne der Piraten: Die Mannschaft wurde bei einem Landgang auf den Nikobaren überfallen, wobei Ralph Stout den Tod fand. Daraufhin wählten die übrigen Besatzungsmitglieder Robert Culliford, einen ehemaligen Bukanier, zum neuen Kommandanten. Culliford war bereits 1691 mit einigen anderen Piraten auf der *Jacob* in den Indischen Ozean gekommen und hatte sich später als Kanonier bei der East India Company verdingt. Im Juni 1696 hatte er auf der Ketsch *Josiah* eine Meuterei angezettelt, die jedoch fehlgeschlagen war. Das Schiff, das die gefangenen Meuterer nach Bombay bringen sollte, war allerdings kurz danach von der *Resolution* aufgebracht worden, und so konnte Culliford schon bald wieder seiner gewohnten Tätigkeit als Pirat nachgehen.

Bei ihrem Streifzug durch die Malakkastraße stieß die *Resolution* im Juli 1697 auf das englische Ostindienschiff *Dorrill*, das sich auf dem Weg nach China befand. Als die Seeräuber nach einer dreitägigen Verfolgung endlich das Schiff erreichten, kam es zu einem heftigen Schußwechsel, in dessen Verlauf die *Resolution* so schwer beschädigt wurde, daß Culliford beidrehen mußte. Nach der Reparatur ihres Schiffes gelang es den Männern jedoch innerhalb kurzer Zeit, gleich zwei reich beladene Dschunken aufzubringen. Auch ein großes chinesisches Schiff fiel ihnen in die Hände. Schwer beladen mit allen erdenklichen Schätzen segelten die Räuber dann nach Sainte Marie, wo die meisten schon bald ihre Beute verpraßten.

Im Juni 1698 brach Culliford mit einer neuen Mannschaft zu den Komoren auf. Vor Johanna konnte die *Resolution* ein kleines französisches Schiff aufbringen, das vor allem Alkohol geladen hatte. Nachdem sich zahlreiche Franzosen den Piraten angeschlossen hatten, segelte Culliford nach Sokotra und von dort aus weiter zum Eingang des Persischen Golfes. Auf einer kleinen Insel kauften die Seeleute noch etwa achtzig Ziegen, und wenig später machten sie sich auf den Weg an die Küste Indiens, wo bereits die *Soldado* auf die Pilgerflotte lauerte.[39]

Nun warteten also die beiden Schiffe gemeinsam auf die Inder. Um einen möglichen Konflikt um die Beute von vornherein zu vermeiden, trafen Sievers und Culliford eine Abmachung: In den nächsten zwei Monaten wollten sie jegliches Beutegut, ganz gleich, wie es in ihre Hände fallen würde, teilen. Wahrscheinlich haben die bitteren Erfahrungen des Jahres 1695 Sievers veranlaßt, auf eine solche Übereinkunft zu dringen. Vielleicht spielte aber auch die Einsicht, daß sich die beiden Schiffe sehr gut ergänzten, eine Rolle: Cullifords Fregatte besaß mit ihren vierzig Geschützen eine erhebliche Kampfstärke, die Vorteile der umgerüsteten Schebecke lagen dagegen vor allem in ihrer Schnelligkeit und Beweglichkeit. Die Pilger sollten keine Chance haben.

In den Abendstunden des 7. September sichteten die Piraten einige Schiffe am Horizont. Es konnte sich nur um die erwartete Pilgerflotte handeln. Sofort wurden auf der *Soldado* und der *Resolution* die Segel gesetzt, und die Seeräuber versuchten, unter dem Schutz der einbrechenden Dunkelheit von hinten in den aus mehr als zwanzig vollbeladenen Schiffen bestehenden Geleitzug einzudringen. Doch sie wurden schnell von einem englischen Ostindienfahrer, der die Pilger vor Angriffen schützen sollte, entdeckt.[40] Als die schwerbewaffnete Fregatte beidrehte und drei Kanonenschüsse auf die Piraten abfeuerte, mußten Sievers und Culliford einsehen, daß es keine Möglichkeit gab, an die ersehnte Beute heranzukommen. Bevor sie in ein aussichtsloses Gefecht verwickelt wurden, änderten die Seeräuber ihren Kurs und ließen vom Konvoi ab.

Die Enttäuschung auf den beiden Schiffen war groß, doch so schnell wollten die Piraten nicht aufgeben. Sievers und Culliford versammelten ihre Mannschaften um sich, und die Situation wurde eingehend beraten. Nachdem alle Möglichkeiten in Betracht gezogen waren, beschlossen sie, ihre Position vorerst beizubehalten. Mit der Ausnahme von Kap Comorin gab es an der ganzen indischen Küste keine günstigere Stelle, um vorbeikommenden Schiffen aufzulauern. Die Geduld der Männer sollte weiter arg strapaziert werden. Für Culliford stellte sich außerdem das Problem, daß auf seinem Schiff Holz und Trinkwasser allmählich knapp wurden. Wenn die *Resolution* nicht innerhalb weniger Tage ein Schiff mit Vorräten aufbringen würde, müßte sich Culliford an Land nach einer Wasserstelle umsehen. Und das war in dieser dicht besiedelten Gegend mit mehreren europäischen Handelsstationen ein recht gefährliches Unterfangen.

In der Nacht vom 13. auf den 14. September sichtete die Wache plötzlich ein fremdes Schiff. Auf Anruf stellte sich heraus, daß es die von Joseph Wheeler kommandierte *Pelican* war. Es handelte sich auch um Piraten, und so durften sie zunächst einmal neben der *Soldado* und der *Resolution* den Anker werfen. Am nächsten Morgen erfuhren Sievers und Culliford dann die Geschichte des Schiffes.

Die etwa hundertfünfzig Tonnen große *Pelican* war im Januar 1697 unter Kapitän Robert Colly von Rhode Island aufgebrochen, um die französische Kolonie in Guayana zu überfallen. Auf hoher See kam es jedoch zu einem Disput über das Ziel der Fahrt, und in einer Abstimmung entschied sich die Besatzungsmehrheit dafür, in den Indischen Ozean zu segeln. Die Fahrt entwickelte sich aber schon bald zu einem Desaster. Als die völlig mittellose Mannschaft in Saint Augustin landete, mußten die Seeleute zunächst mit König Rer Bafoga gegen einen rivalisierenden Stamm in den Krieg ziehen, um sich so die dringend benötigten Lebensmittel zu verdienen. Dadurch verpaßte das Schiff den Südwestmonsun, und nach einer erfolglosen Fahrt an die Küste Afrikas kehrte die *Pelican* wieder nach Madagaskar zurück. Dort wurde die Besatzung von einer Epidemie heimgesucht, die vierzig der hundertfünfzehn Besatzungsmitglieder das Leben kostete. Als die Überlebenden endlich wieder auf See waren, konnten sie nur ein einziges mit Reis beladenes Schiff aufbringen. Aufgrund des ausbleibenden Erfolges kam es dann immer wieder zu Auseinandersetzungen auf dem Schiff. Darüber verlor der Kapitän sogar seinen Verstand, so daß die Besatzung Joseph Wheeler zum neuen Kommandanten wählte. Später kreuzten die Piraten durch den Persischen Golf, wo sie allerdings nur ein paar Boote erbeuten konnten. Inzwischen war die *Pelican* auch noch in einem ziemlich schlechten Zustand, so daß die Pumpen ständig in Gang gehalten werden mußten.[41]

Nachdem die Kommandanten ihre Geschichten ausgetauscht hatten, fragte Wheeler, ob er sich den beiden anderen Schiffen anschließen dürfe. Culliford hatte dagegen nichts einzuwenden und bat Wheeler noch um dringend benötigtes Trinkwasser sowie etwas Brennholz. Obwohl die Vorräte auf der *Pelican* auch schon knapp wurden, schickte Wheeler noch am selben Tag einige Boote mit den benötigten Sachen zur *Resolution*. Bei dieser Gelegenheit setzten sich auch gleich sechs unzufriedene Seeleute, die der ständigen Streitereien auf der *Pelican* überdrüssig waren, von ihrem Schiff ab und schlossen sich der Mannschaft von Culliford an.

Nach ungefähr einer Woche – es war der 23. September – erspähten die Piraten ein allein segelndes dreimastiges Schiff am Horizont. Endlich bot sich die Chance, auf die alle Besatzungsmitglieder seit geraumer Zeit gewartet hatten. Sofort wurden die Anker gelichtet, und die drei Piratenschiffe nahmen die Verfolgung auf. Es dauerte nicht lange, da gelangte die etwa fünfhundert Tonnen große *Mohammed* in die Reichweite der Geschütze der *Soldado*, und Sievers befahl, das Feuer zu eröffnen. Der indische Kapitän versuchte noch, sich durch einige Manöver dem Beschuß zu entziehen, aber er konnte nicht verhindern, daß sein Schiff mehrfach schwer getroffen wurde. Erst als Sievers die *Soldado* längsseits gehen ließ, feuerten die

Inder eine Breitseite ab, so daß auch die umgetakelte Schebecke einige Schäden davontrug.

Noch bevor die *Resolution* oder die *Pelican* überhaupt in den Kampf eingreifen konnten, gelang es der Besatzung der *Soldado*, die *Mohammed* zu entern. Der Widerstand an Bord war schnell gebrochen, und die indischen Seeleute flüchteten in Panik unter Deck, gefolgt von der gierigen Meute. Das ganze Schiff war vollgestopft mit Passagieren, daneben stapelten sich Textilien, säckeweise Kaffee und Gewürze, selbst vierundzwanzig Pferde befanden sich an Bord. Während die Räuber zwischen der Ladung nach den begehrten Wertsachen suchten, kümmerte sich der Schiffsarzt um die verwundeten Piraten. Für zwei von ihnen kam allerdings jede Hilfe zu spät. Sie erlagen ihren schweren Verletzungen, die sie sich durch herumfliegende Holzsplitter zugezogen hatten.[42] Glück und Unglück lagen stets dicht beieinander im Piratengewerbe.

Unter den Passagieren der *Mohammed* war auch ein französischer Händler, der die Inder auf ihrer Fahrt nach Mokka begleitet hatte. Von ihm erfuhren die Piraten, daß die Pilgerflotte schon kurz nach dem Verlassen des Roten Meeres auf starken Gegenwind gestoßen war und die insgesamt sechsundzwanzig Schiffe deswegen nur sehr schlecht vorangekommen waren. Schon bald war das Trinkwasser auf dem mit mehreren Hundert Pilgern besetzten Schiff so knapp geworden, daß sich der Kapitän entschlossen hatte, aus dem Konvoi auszuscheren und einen Hafen an der arabischen Küste anzulaufen, wo die Vorräte aufgefüllt worden waren. Später hatten die Inder zwar unter Einsatz aller Kräfte versucht, den Geleitzug wieder zu erreichen, aber sie konnten ihrem Schicksal nicht mehr entgehen.

Als die Mannschaft der *Soldado* schon beim Plündern der Prise war, erreichte auch die *Resolution* den Ort des Geschehens. Sofort schickte Culliford einen seiner Quartiermeister mit einigen Männern auf die *Mohammed*, um sicherzustellen, daß keine Beute unbemerkt beiseite geschafft wurde. Zunächst mußten aber die vielen Pilger von Bord geschafft werden. Sievers ließ die Beiboote aussetzen, und der größte Teil der Passagiere wurde kurzerhand ohne Riemen oder Proviant auf See ausgesetzt. Nur ungefähr achtzig Inder blieben auf der Prise. Unter ihnen befanden sich auch viele Frauen, die wahrscheinlich Opfer von Vergewaltigungen wurden.

Der Berg von Kostbarkeiten, den die Piraten derweil aus den dunklen Verstecken im Schiffsrumpf zutage förderten, war gewaltig. Als sich keine Wertsachen mehr finden ließen, zählten die Räuber befriedigt ihre Beute. Im einzelnen waren es ungefähr vierzigtausend arabische Goldstücke, fünfundzwanzigtausend spanische Silbermünzen, knapp tausend Unzen Goldstaub, drei mit prachtvollen Korallen gefüllte Truhen und zwei Säcke voller Perlen. Allein der Wert dieser Schätze betrug etwa hundertzwanzigtausend Pfund Sterling.[43] Darüber hinaus gab es an Bord aber auch noch Unmengen von kostbaren Handelswaren, deren Wert sich kaum beziffern läßt.

Gemäß ihrer Abmachung teilten die Piraten die reiche Beute in zwei gleiche Teile – einen für die Besatzung der *Soldado*, den anderen für die *Resolution*. Wenig später kam Joseph Wheeler auf die Prise und forderte, an der Beute ebenfalls beteiligt zu werden. Culliford wies dieses Ansinnen jedoch entschieden zurück. Er drohte sogar, die *Pelican* zu versenken, wenn die Mannschaft irgendwelche Schwierigkeiten machen sollte. Als Wheeler darauf hinwies, daß er schließlich der *Resolution* mit Holz und Wasser ausgeholfen habe, lenkte Culliford ein und übergab Wheeler einen Haufen Silbermünzen im Wert von ungefähr tausend Pfund. Außerdem wurde der Mannschaft der *Pelican* gestattet, sich an den Wasservorräten der Inder zu bedienen.

Anschließend setzten die Piraten die Segel und machten sich mit der stattlichen Prise im Schlepptau auf den Weg in Richtung Süden. Nach fünf Tagen erreichten sie die Flußmündung bei Rajapur. Hier hievten die Männer die Pferde einfach über Bord, und letzte Passagiere wurden in einem Boot an Land gebracht. Nur einige Laskaren behielten die Piraten als Sklaven an Bord. Dann war endlich der Zeitpunkt gekommen, auf den die Piraten so lange gewartet hatten: Die knapp über hundert Besatzungsmitglieder der *Soldado* versammelten sich auf dem Deck und die üppige Beute wurde verteilt. Jeder einfache Seemann trug einen Anteil von ungefähr sechshundert Pfund davon. Sievers erhielt sogar zwölfhundert Pfund und Eldridge, der Navigator, neunhundert Pfund. Selbst die gestrandeten Engländer bekamen für ihren Pumpeneinsatz immerhin noch hundert Pfund. Die Beute war mehr als eine Entschädigung für die Entbehrungen und Strapazen der letzten Monate.

Nach der Verteilung der Schätze brauchten die Piraten nicht lange zu beraten, wohin die Fahrt gehen sollte: Alle wollten so schnell wie möglich zurück nach Madagaskar. Bevor sie jedoch aufbrachen, beabsichtigte Sievers noch, sich von der kaum noch seetüchtigen *Soldado* zu trennen und auf die erst wenige Jahre alte Prise zu wechseln. Dazu waren aber noch einige Arbeiten zu erledigen. Während manche Seeleute die Gefechtsschäden an der *Mohammed* ausbesserten, schleppten andere die Verpflegung, Munition, Anker, Taue, Segeltücher und was sie sonst noch brauchten von ihrem alten Schiff auf die indische Prise. Auch die Geschütze der *Soldado* nahmen sie mit. Die *Mohammed* hatte zwar sechsundfünfzig Geschützpforten, aber nur zehn Kanonen an Bord. Anscheinend hatten die Inder die restlichen Geschütze demontiert, um mehr Platz für Passagiere und die wertvolle Fracht zur Verfügung zu haben – ein verhängnisvoller Fehler, wie sich herausgestellt hatte.

Als die *Soldado* vollständig ausgeräumt war, schlug ein Pirat mit einer Axt ein Loch in den Rumpf, und anschließend konnten die Seeleute zusehen, wie ihr altes Schiff erst langsam, dann immer schneller und schließlich ganz in der Tiefe versank. Die Besatzung taufte auch ihr neues Schiff auf den Namen *Soldado*, und wenig später stachen sie wieder in See.

Nun, da die Piraten ihr Glück gemacht hatten, änderte sich schlagartig die Stimmung an Bord. Waren die Männer bislang im Streben nach Beute mehr oder weniger geeint, so wurde das Zusammenleben jetzt von Argwohn und Mißtrauen geprägt. Um die Beute gegen Diebstahl zu sichern, nähten die meisten zumindest einen Teil der Münzen in ihre Kleidungsstücke ein. Der Rest wurde

19 Das Leben auf dem Unterdeck eines Ostindienschiffes, wie man es sich im 18. Jahrhundert vorstellte.

irgendwo zwischen ihrem persönlichen Hab und Gut versteckt. Nur wenige besaßen abschließbare Truhen, in denen sie ihren gesamten Anteil sicher verwahren konnten. Etliche Besatzungsmitglieder bemühten sich auch gar nicht erst darum, ihr Gold und Silber zu verstecken, sondern riskierten ihren Anteil gleich beim Würfeln oder beim Kartenspiel. Natürlich hofften alle Beteiligten, ihre beträchtliche Beute im Handstreich noch vergrößern zu können. Dementsprechend war der Einsatz stets hoch, und riesige Summen wechselten den Besitzer. Während einige wenige Glückliche ein Vermögen davontrugen, verloren andere innerhalb kurzer Zeit ihren gesamten Anteil. Ihnen blieb nur die vage Hoffnung, den schmerzlichen Verlust auf einem weiteren Raubzug zu ersetzen.

In den ersten Oktobertagen gerieten die Schiffe in ein schweres Unwetter. Dicke schwarze Wolken zogen über die Piraten hinweg und entluden mit Blitz und Donner ihre nasse Fracht. Tagelang stampfte die *Soldado* durch die schäumende See, dann ließ der Sturm langsam nach und die Wogen beruhigten sich wieder. Als der

Himmel schließlich aufklarte, hielt Sievers Ausschau nach der *Resolution*, aber die Fregatte war verschwunden.

Auf der Suche nach ihren Begleitern stieß die *Soldado* unverhofft auf ein portugiesisches Schiff, das sich auf dem Weg von Goa nach Daman befand. Die Portugiesen hatten der Bewaffnung der neuen *Soldado* kaum etwas entgegenzusetzen. Kampflos ließ der Kapitän die Flagge streichen, und die Piraten konnten das kleine Schiff entern. Bei der Durchsuchung der Prise fanden die Räuber eine große Menge chinesischer Seidenwaren, einige Baumwollstoffe, wenige Münzen, etwas Goldstaub und zwölf Fässer mit Schießpulver. Eine besondere Freude dürften den Männern auch die umfangreichen Weinvorräte der Portugiesen bereitet haben. Da Sievers erst mit Culliford über das weitere Vorgehen entscheiden wollte, setzten die Piraten die portugiesischen Seeleute im Beiboot aus und nahmen das Schiff zunächst einmal mit.[44]

Nachdem die *Soldado* mit ihrer Prise einige Tage in ruhiger See gekreuzt war, tauchte endlich wieder die *Resolution* am Horizont auf. Culliford berichtete, daß auch er im Sturm ein kleines Schiff aufgebracht hätte. An Bord der arabischen Prise seien aber nur Pferde, Datteln und eine geringe Menge Gold gewesen. Vereinbarungsgemäß teilten Sievers und Culliford noch die Beute, anschließend segelten die Piraten weiter entlang der Küste nach Süden. Unterwegs mußten sie ständig nach einer Verpflegungsmöglichkeit Ausschau halten, denn die *Soldado* und die *Resolution* hatten nun zwar beträchtliche Mengen von Wertgegenständen an Bord, ihre Vorräte reichten aber keinesfalls aus, um ohne Zwischenstopp nach Madagaskar zu gelangen.

Am 10. Oktober erreichten die Schiffe die kleine Stadt Onore, die heute Honavar heißt. Vor dem Ort lag das englische Küstenschiff *Benjamin*, das dort gerade Pfeffer lud. Sievers erkannte sofort die Möglichkeit, aus dieser Situation Profit zu schlagen. Er stieg in das Beiboot und ruderte zusammen mit einigen Gefährten an Land. Dort traf er John Harvey, der als Vertreter der East India Company die Verschiffung von Pfeffer beaufsichtigte. Nach einem

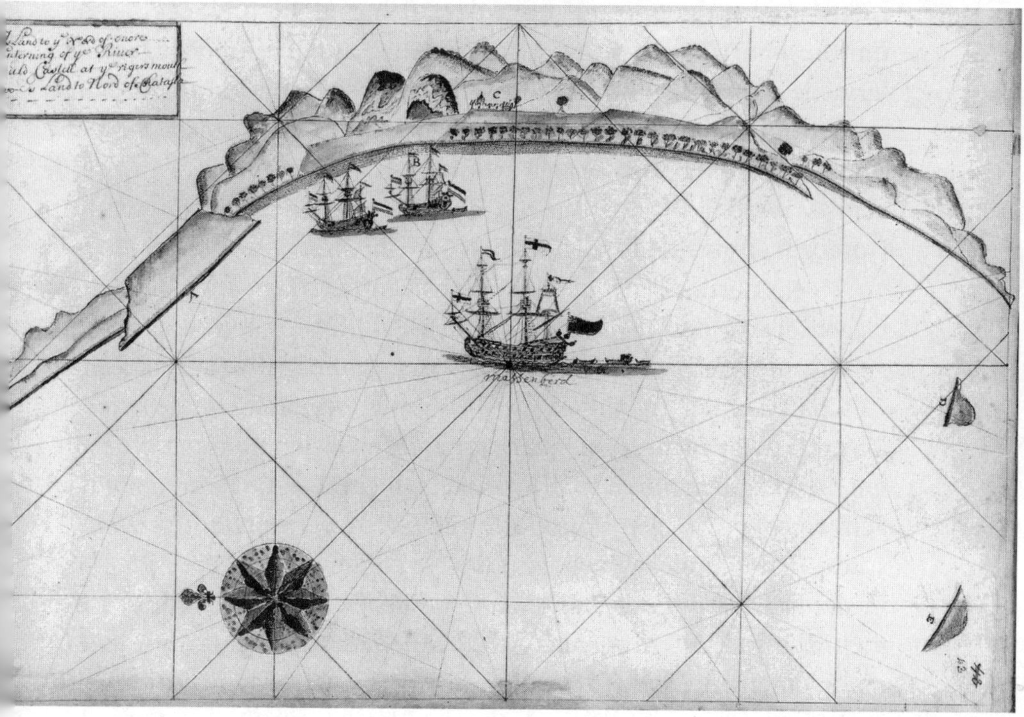

20 Eine Küstenansicht von Onore, wie sie sich John Kempthorne 1689 darstellte.

kurzen Gespräch, in dem Sievers keinen Hehl aus seinem Gewerbe machte, unterbreitete er dem Engländer einen erpresserischen Handel: Wenn Harvey die Piraten mit ausreichend Proviant, Feuerholz und Wasser versorgte, würde er im Gegenzug die portugiesische Prise erhalten. Für den Fall, daß dieses Geschäft nicht zustande käme, drohte Sievers unverhohlen damit, sowohl die Prise als auch die *Benjamin* zu versenken.[45] Den Engländern blieb nichts anderes übrig, als dieser Erpressung nachzukommen und bei den Indern die geforderten Sachen zu besorgen. Am nächsten Tag schickte Harvey mehrere Bootsladungen Proviant zu den Piratenschiffen, Wasser und Feuerholz konnte er allerdings nicht heranschaffen. Trotzdem gaben sich Sievers und Culliford mit der

Lieferung zufrieden, und kurz darauf ließen sie die Segel setzen, um die Fahrt in Richtung Süden wieder aufzunehmen. Die mittlerweile restlos geplünderte Prise blieb einfach in Onore zurück.

Vermutlich herrschten in den folgenden Wochen starke südliche Winde vor, so daß die Piraten sehr schlecht vorankamen. Am 3. November waren die Schiffe nur noch wenige Seemeilen von Kap Comorin entfernt, als sie plötzlich auf eine Fregatte stießen, die sich auf einem nördlichen Kurs befand. Es war die *Mary* aus London. Im Gegensatz zu den meisten englischen Schiffen im Indischen Ozean gehörte das Schiff nicht der East India Company, sondern reichen Geschäftsleuten, die auf eigene Rechnung in Indien Handel trieben. Das war zwar nicht legal, aber verhindert werden konnten die Fahrten dieser sogenannten Interloper auch nicht. Da die Piraten auf dem Schiff große Mengen von Gold und Silber vermuteten, setzten sie sofort den Händlern nach. Auf der Verfolgung geriet die *Mary* bald in die Reichweite der Kanonen der *Resolution*, und Culliford ließ mehrere Breitseiten auf das Schiff abfeuern, es gelang ihm jedoch nicht, einen entscheidenden Vorteil zu erlangen. Als sich die Schiffe schließlich in unmittelbarer Nähe des Hafens von Quilon befanden, wo es einen befestigten Stützpunkt der Niederländer gab, drehten die Verfolger bei und segelten weiter in Richtung Süden.[46] Es gab für Sievers und Culliford keinen Grund, jetzt noch ein unnötiges Risiko einzugehen.

Nachdem die Seeräuber ihre Wasserfässer in der Nähe von Kap Comorin wieder aufgefüllt und sich möglicherweise auch noch mit etwas Proviant eingedeckt hatten, machten sich die *Soldado* und die *Resolution* auf den Weg zurück nach Madagaskar. Mit dem Nordostmonsun in den Segeln sollte die Überquerung des Indischen Ozeans nicht allzu lange dauern. In den folgenden Wochen dürfte der Traum von einem unbeschwerten Leben auf einer sonnigen Karibikinsel den Seeleuten ein ums andere Mal die Langeweile an Bord vertrieben haben.

Die lecke *Pelican* kreuzte indessen vor Kap Comorin. Mitte Dezember erspähte die glücklose Besatzung endlich ein kleines indisches Schiff. Die Inder versuchten zwar noch, ins seichte Wasser zu entkommen, indem sie einige Ruderboote aussetzten und ihr Schiff so weit wie möglich an das Ufer zogen, aber so leicht ließ sich Wheeler nicht abschütteln. Er bemannte seine Pinasse mit einem bis an die Zähne bewaffneten Enterkommando, und im Handumdrehen gelang es den Piraten, das Schiff in ihre Gewalt zu bringen. Die Beute war allerdings gering: Außer Baumwolle, Tabak und Reis befand sich an Bord nur so wenig Geld, daß jedes Besatzungsmitglied gerade einmal zwölf Pfund Sterling bekam.

Da die Prise in einem weitaus besseren Zustand als die *Pelican* war, entschied die Mannschaft, auf das indische Schiff zu wechseln. Einige gefangene Laskaren wurden noch gezwungen, den Seeräubern beim Ausrüsten der Prise zu helfen, dann setzten die Piraten sie an Land aus. Schließlich steckten die Männer die alte *Pelican* in Brand und segelten ebenfalls nach Madagaskar.

Kapitel 8

Der Anfang vom Ende

Als Sievers noch im Indischen Ozean unterwegs war, hatte sich im fernen London eine Entwicklung angebahnt, die schließlich das Ende der Piratenherrlichkeit herbeiführen sollte. Bereits im Sommer 1695 hatten einige prominente Mitglieder der Regierungspartei der Whigs einen verwegenen Plan ausgearbeitet, mit dem sie sich ebenfalls an den Schätzen des Ostens bereichern wollten. Sie beschlossen, ein Kaperunternehmen auszurüsten. Ihr Ziel war aber nicht die Pilgerflotte, sondern die Piraten, denen sie auf legalem Wege die erbeuteten Reichtümer abjagen wollten. Als Kapitän heuerten sie mit William Kidd ausgerechnet einen amnestierten Bukanier an, dem sie vermutlich am ehesten zutrauten, die Seeräuber zur Strecke zu bringen.

Während die Hintermänner des Unternehmens im Parlament jeden Anlauf, die Royal Navy gegen die Piraten einzusetzen, abblockten, segelte Kidd mit der nagelneuen *Adventure* von London über New York in den Indischen Ozean. Dort vergaß er jedoch schon bald seinen Auftrag und machte sich im August 1697 selbst daran, die Pilgerflotte zu überfallen. Der Angriff wurde allerdings von einem englischen Schiff, das die Pilger nach Surat begleitete, erfolgreich abgewehrt. Nach diesem Mißerfolg segelte Kidd an die indische Küste, wo die *Adventure* von zwei portugiesischen Schiffen angegriffen wurde. Durch ein geschicktes Manöver konnte Kidd zwar entkommen, aufgrund des ausbleibenden Erfolges kam es an Bord aber zu einer heftigen Auseinandersetzung, in deren Verlauf Kidd den Kanonier William Moore mit einem Eimer erschlug.

In den folgenden Wochen stellten sich dann immerhin einige Erfolge ein. Die *Adventure* brachte drei kleinere Schiffe auf, die aber allesamt keine großen Schätze an Bord hatten. Eine Prise tauften sie auf den Namen *November* und nahmen sie mit. Schon bald darauf, am 30. Januar 1698, kaperte Kidd vor der Küste Malabars das indische Handelsschiff *Quedah*. An Bord hatte es eine solche große Menge wertvoller Textilien und Gewürze, daß auch dieses Schiff gleich ins Schlepptau genommen wurde. Anschließend machte sich Kidd mit seiner kaum noch seetüchtigen *Adventure* sowie den beiden Prisen auf den Weg nach Sainte Marie. Dort erhielt die murrende Mannschaft den vertraglich festgelegten Anteil an der Beute, dann verließen die meisten Besatzungsmitglieder ihren Kapitän, um auf anderen Piratenschiffen anzuheuern. Kidd rüstete später die immer noch schwerbeladene *Quedah* aus und nahm irgendwann im November auf seinem neuen Schiff Kurs auf Amerika.[47]

Als die *Soldado* gefolgt von der *Resolution* wenige Tage vor Weihnachten 1698 in die Bucht von Sainte Marie einlief, konnte Sievers sofort die stummen Zeugen von Kidds Kaperfahrt entdecken. Am Strand lag noch die bis auf den untersten Teil des Rumpfes niedergebrannte *Adventure*, gleich daneben die ebenfalls verkohlten Reste der *November*. Von John Hoars Prise war inzwischen nur noch ein aus dem Kiel und einigen Spanten bestehendes Gerippe übrig. Im kristallklaren Wasser ließen sich außerdem zahllose Kanonen ausmachen. Offensichtlich waren sie von den Seeleuten einfach über Bord geworfen worden, damit sie die Schiffe möglichst weit auf den Strand ziehen und dort plündern konnten. Einige Strandabschnitte waren noch übersät mit den Resten von Ostindienwaren, die von den Piraten einst hierher gebracht und dann weiter nach Amerika verschifft worden waren.[48]

An Land wurden Sievers und seine Mannschaft von Edward Welsh empfangen, der jetzt den Stützpunkt führte. Adam Baldridge war im Oktober des vorangegangenen Jahres zur Insel Bourbon gesegelt, um den dort lebenden Franzosen eine Schiffsladung Piratenbeute zu verkaufen. Während seiner Abwesenheit hatten sich ein paar Seeräuber an Frauen aus dem nahen Eingeborenendorf vergangen und dort außerdem noch einige Rinder gestohlen. Daraufhin war es auf der Insel zu gewalttätigen Auseinandersetzungen zwischen den Europäern und den Madegassen gekommen, denen die meisten Bewohner von Baldridges Anwesen – insgesamt etwa dreißig Männer, darunter auch Robert Glover – zum Opfer gefallen waren. Nur ein Schiffsjunge hatte das Massaker überlebt. Baldridge hatte noch auf See von einem vorbeikommenden Schiff von den Geschehnissen erfahren und war anstatt nach Sainte Marie gleich nach New York zurückgesegelt. Ein paar Monate später hatten sich die Gemüter der Einheimischen wieder beruhigt, und Welsh, der auch schon jahrelang auf Madagaskar lebte, konnte den Stützpunkt übernehmen.

Von Welsh erfuhr die Mannschaft der *Soldado* nun, daß ihre Waren, die sie bei Baldridge in Kommission gegeben hatten, bei den Kämpfen vernichtet oder geraubt worden waren. Doch diesen Verlust konnten Sievers und seine Leute angesichts ihrer Beute leicht verschmerzen. Nach all den entbehrungsreichen Monaten auf dem Schiff gaben sich die Männer erst einmal den vergnüglichen Seiten des Piratenlebens hin.

In der Bucht lag bereits die *Nassau* aus New York. Beladen war das Handelsschiff mit Unmengen von Bier, Wein und Rum, die nur darauf warteten, genauso durstige wie zahlungskräftige Abnehmer zu finden. Gemäß dem Gesetz von Angebot und Nachfrage war der

Preis für Alkohol allerdings gepfeffert. Konnte man einen Schlauch Wein aus Madeira in New York für neunzehn Pfund kaufen, so mußten die Piraten in Sainte Marie dafür nicht weniger als dreihundert Pfund zahlen. Eine Gallone Rum, die in Amerika zwei Schillinge kostete, ließ sich hier mit einem dreißigfachen Aufschlag für bis zu drei Pfund absetzen.[49] Trotz des erheblichen Aufwandes und Risikos war die Verschiffung von Alkohol nach Madagaskar zweifellos ein außerordentlich einträgliches Geschäft, und die *Nassau* war nicht das einzige Schiff, das in diesen Monaten aus New York kam.

Anfang Januar 1699 lief die von Samuel Burgess kommandierte Brigantine *Margaret* in der Piratenbucht ein. Neben unzähligen Dingen des täglichen Bedarfs hatte das Schiff ebenfalls große Mengen Alkohol an Bord. Der Kapitän wußte genau, wonach den Männern der Sinn stand, denn er war selbst ein alter Seeräuber. Bereits 1689 hatte er als Bukanier einen Streifzug durch die Karibik unternommen, später war er dann mit Kidd und Culliford auf der *Jacob* in den Indischen Ozean gekommen. Er war jedoch schon bald nach Amerika zurückgekehrt und hatte seine Dienste den New Yorker Händlern angeboten, die seit dieser Zeit ihre Schiffe nach Madagaskar schickten. Die erste Handelsfahrt mit der *Margaret* hatte er von Dezember 1695 bis Mai 1697 unternommen, und nach einigen Abstechern war er im Juni 1698 wieder in den Osten aufgebrochen.

Schon kurz nach der Ankunft in Sainte Marie begann Burgess, über den Verkauf seiner Ladung zu verhandeln. Um nicht einen so hohen Preis für den begehrten Alkohol zu zahlen, verabredeten etwa sechzig Piraten, angeführt von Robert Culliford, ihr Geld zusammenzulegen und gleich die gesamten Vorräte der *Margaret* zu kaufen. Da Culliford und Burgess alte Bekannte, möglicherweise sogar Freunde waren, konnten die Räuber für den Alkohol einen besonderen Preis herausschlagen. So zahlten sie immerhin noch fünfzehnhundert Pfund an Burgess, dann machten sie sich über die fünfundvierzig Fässer Bier, sechsundzwanzig Fässer Wein und sechzehn Fässer Rum her.[50] In den folgenden Tagen dürfte es auf der Pirateninsel zahlreiche wilde Gelage gegeben haben.

21 Eine idealisierende Darstellung der angenehmen Seiten des Piratenlebens aus der Mitte des 19. Jahrhunderts.

Unterdessen richteten sich die Männer auf der Insel ein. Sievers und Culliford konnten sich leicht ausrechnen, daß die Royal Navy nach dem Desaster mit Kidd früher oder später ihre Kriegsschiffe nach Madagaskar schicken würde. Die Zeit, in der die Seeräuber hier unbehelligt Zuflucht fanden, ging unweigerlich zu Ende. Doch solange sie noch auf der Insel waren, wollten die Piraten gegen einen möglichen Angriff gerüstet sein. Dazu schleppten sie die *Resolution* in den Eingang der Bucht und verankerten die Fregatte so, daß sie mit ihren Geschützen die See bestreichen konnte. Als einige Wochen danach auch die neue *Pelican* Sainte Marie erreichte, vertäute man das Schiff gleich daneben. Die nur leicht bewaffnete *Soldado* zogen die Seeleute in das seichte Wasser. Während der gerade beginnenden Regenzeit wurde das massige Schiff noch als Unterkunft für die weit über dreihundert Piraten, die in der Bucht jetzt lebten, gebraucht.

Schon bald war das Leben der Männer vom Inselalltag geprägt. Zum Verrichten der täglichen Notwendigkeiten legten sich einige Piraten, die der harten Arbeit überdrüssig waren, madegassische Sklaven zu, andere versprachen den Schiffsjungen ein wenig Geld, wenn sie ihnen zur Hand gingen. Und zu tun gab es immer etwas: Jeden Tag war Essen zuzubereiten, und natürlich mußten die Seeräuber ab und zu auch ihre Sachen waschen.[51] Viele Kleidungsstücke der Piraten waren durch Meerwasser, Schweiß, Regen sowie die Abnutzung bei der Plackerei an Bord allerdings schon so zerschlissen, daß man sie kaum noch tragen konnte. Die verbliebenen Lumpen verrotteten den Seeleuten nun am Körper, und Schuhe besaßen die wenigsten. Wer genügend Geld hatte, konnte sich auch neue Sachen kaufen. Einige dringend benötigte Kleidungsstücke gab es bei den New Yorker Händlern zu erwerben, die Männer trugen aber auch die an ihrer grünen Farbe leicht erkennbaren Arbeitskleider der East India Company. Wahrscheinlich waren sie den Seeräubern bei irgendeinem Überfall auf ein englisches Schiff in die Hände gefallen.

Auch wenn das Leben auf der Insel alles andere als behaglich und von vielen Entbehrungen gekennzeichnet war, beschlossen manche Piraten, nicht mehr in ihr Heimatland zurückzukehren und sich statt dessen auf Madagaskar zur Ruhe zu setzen. Sie hatten vermutlich keine Angehörigen und versuchten mit den Inselbewohnern in Frieden zu leben. Einige erlagen dabei den Reizen der madegassischen Frauen und heirateten, wobei es sich anscheinend nur um eine Umschreibung der Tatsache handelte, daß sie sich eine Braut gekauft haben.[52] So lebten um 1700 zahlreiche ehemalige Seeräuber an den Küsten Madagaskars. Vielleicht haben einige von ihnen auf der Suche nach einem besseren Leben, das zunächst nur materiell begründet war, hier wirklich ihr Glück gefunden.

Die Piraten, die immer noch keine reiche Beute gemacht hatten oder ihr Gold und Silber schon wieder losgeworden waren – und das waren nicht wenige –, begannen im März die *Pelican* für einen weiteren Raubzug auszurüsten. Verstärkung erhielten sie durch etliche Besatzungsmitglieder der *Prophet Daniel*, die kurz zuvor mit zahlreichen Handelswaren an Bord in der Piratenbucht eingelaufen war. Der verschwenderische Umgang vieler Piraten mit ihrer Beute übte auf die Mannschaft des Handelsschiffes offenbar eine solche Faszination aus, daß etwa die Hälfte von ihnen beschloß, sich den Seeräubern anzuschließen.[53] Unter ihnen war auch ihr Kapitän, Richard Want, der 1697 die *Resolution* verlassen hatte, um sich in der Handelsschiffahrt zu verdingen. Nun hoffte er wohl, sich im zweiten Anlauf doch noch den Traum von einem unbeschwerten Leben erfüllen zu können.

Für Sievers und viele seiner Gefährten waren die Tage auf Sainte Marie ebenfalls gezählt. Jeden Tag mußten sie mehr von ihrer Beute für den teuren Lebensunterhalt auf der kleinen Insel ausgeben. Wollten sie noch etwas Geld für einen neuen Anfang irgendwo in Amerika übrig behalten, so mußten sie sich möglichst bald auf den Weg dorthin machen. Eigentlich hatten sie geplant, auf der *Soldado* in die Karibik zu segeln. Dieser Plan wurde jedoch schon bald fallengelassen. Vermutlich erschien den Männern das Risiko, als Piraten auf einem indischen Schiff erkannt zu werden, zu groß. Viel unauffälliger war da die Möglichkeit, auf einem der Handelsschiffe in die amerikanischen Kolonien zurückzukehren und sich dort irgendwo an Land bringen zu lassen. Das erste Schiff, das sich Anfang 1699 wieder auf die Heimfahrt machte, war die *Nassau*. Nachdem die Brigantine mit einer Ladung Elefantenstoßzähne von einem kleinen Abstecher an die afrikanische Küste zurückgekehrt war, begaben sich fünfundsiebzig ehemalige Seeräuber als Passagiere auf das Schiff und stachen in See.

Samuel Burgess wartete noch den Höhepunkt der Regenzeit ab, dann bereitete er die *Margaret* vor, um ebenfalls die Rückreise anzu-

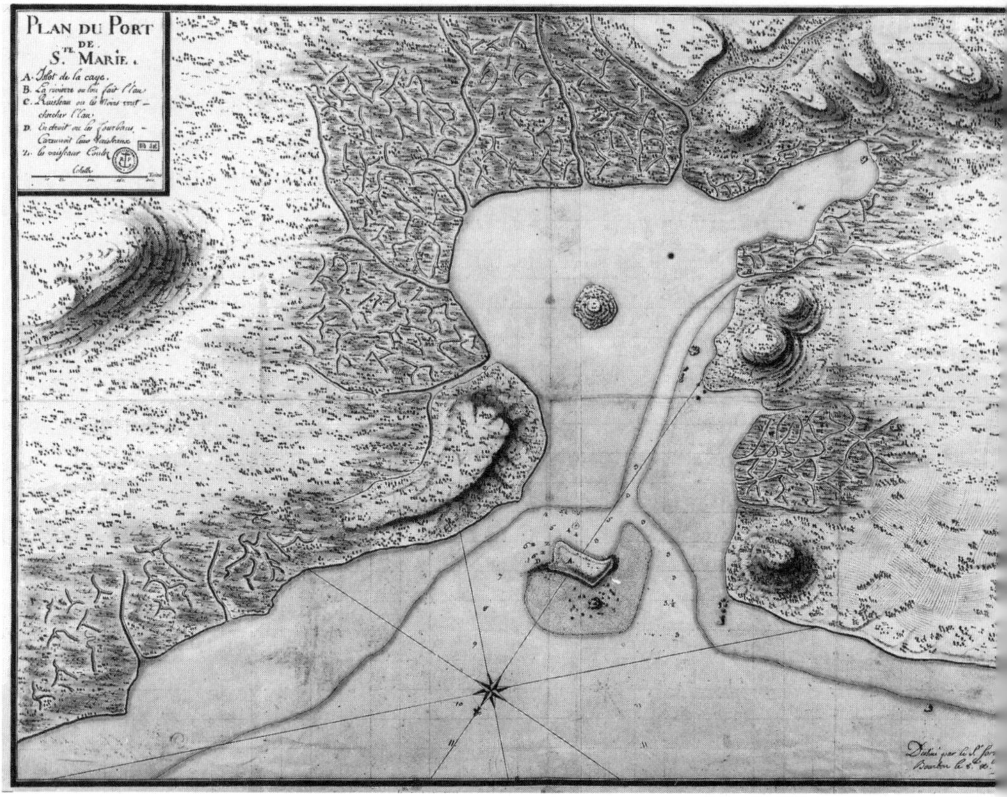

22 *Eine französische Karte der Piratenbucht Sainte Marie aus dem Jahr 1733.*

treten. Neben der fünfzehnköpfigen Besatzung wollten sich neunzehn Piraten auf den Weg nach Amerika machen. Einer von ihnen war Sievers. Bei den anderen handelte es sich hauptsächlich um ehemalige Besatzungsmitglieder der *Soldado* und der *Resolution*, aber auch Joseph Wheeler, der ehemalige Kapitän der *Pelican*, besaß inzwischen ein beträchtliches Vermögen, mit dem er den Indischen Ozean verlassen wollte. Als Ziel hatten die Seeleute die Bahamas auserkoren. Für die Fahrt in die Karibik hatte jeder Passagier einen Preis von hundert spanischen Silbermünzen im Wert von etwa zwanzig Pfund zu bezahlen. Davon war eine Hälfte vor, die andere Hälfte nach der Fahrt zu entrichten. Darüber hinaus mußten die Passagiere – wie damals in der Seefahrt allgemein üblich – für ihre Verpflegung selbst aufkommen.

Für einige Piraten, die noch nicht nach Amerika zurückkehren wollten, bot sich die Möglichkeit, ihren Angehörigen in den Kolonien einen Brief zu schicken. Bereits bei seiner Ankunft hatte Burgess zahlreiche Schreiben im Gepäck, die er an die Empfänger weiterleiten sollte. Zumeist handelte es sich dabei um Grüße von Frauen an ihre Ehemänner, die oft mit der Bitte verbunden waren, bald nach Hause zu kommen. Manche dieser Briefe gingen allerdings unbeantwortet wieder zurück nach Amerika, weil die angeschriebenen Seeleute auf einem Raubzug oder möglicherweise schon umgekommen waren. So kam Culliford der unerfreulichen Verpflichtung nach, einer Frau mitzuteilen, daß ihr Ehemann auf See den Tod gefunden habe. Einige wenige Piraten, die den Gefahren ihres Daseins getrotzt hatten, schrieben ihren Angehörigen nun, daß sie noch länger im Osten bleiben würden. Einer, der auch noch ein Kind hatte, plante sogar, erst in zehn Jahren zu seiner Familie zurückzukehren.

Doch nicht nur persönliche Neuigkeiten wurden ausgetauscht. Ein New Yorker Händler, der einigen Besatzungsmitgliedern von Robert Glovers *Resolution* – der späteren *Soldado* – 1695 Geld geliehen hatte, gab Burgess sogar eine beglaubigte Vollmacht mit auf den Weg, um die ausstehende Summe bei den Piraten einzutreiben. Sicherlich war seiner Forderung nicht der erhoffte Erfolg beschert.

Zumindest zwei Ehefrauen, die vom Tod ihrer Männer in der Ferne erfahren hatten, versuchten auch an deren mutmaßliche Beute heranzukommen. Eine schrieb einen Brief an einen Freund ihres verstorbenen Gatten und bat ihn darum, die Beute nach New York zu schicken. Der angeschriebene Seemann antwortete nun, daß er die Summe einem anderen Piraten anvertraut habe, um sie nach Amerika zu bringen. Der aber habe sich damit entgegen der Absprache auf Madagaskar zur Ruhe gesetzt. Eine andere Witwe richtete ein Schreiben an Adam Baldridge und bat ihn um Hilfe beim Aufspüren des Nachlasses ihres verstorbenen Mannes. Als Beleg für die Rechtmäßigkeit ihrer Forderung schickte sie gleich eine Kopie ihrer Heiratsurkunde nach Madagaskar. Auch sie dürfte mit ihrem Ansinnen kaum Erfolg gehabt haben, zumal Baldridge die Insel schon längst verlassen hatte.

Manche ließen ihren Familien in Amerika nicht nur Grüße, sondern auch einen Teil ihrer Beute zukommen. Ein Seeräuber gab Burgess gleich eine ganze Kiste voll kostbarer indischer Tuche mit nach New York. Ein anderer schickte seiner Frau immerhin rund fünfzig Pfund Sterling und bat sie in einem Begleitbrief, das Geld zu sparen.[54] Aber das waren mit Sicherheit Ausnahmen. Die meisten hatten kaum genug, um die Heimfahrt in die Kolonien bezahlen zu können.

Kapitel 9

Sklavenhändler, Abenteurer und Seeräuber

Am 14. April 1699 war die *Margaret* bereit zur Abfahrt, und ein bunt zusammengewürfelter Haufen von Seeleuten bestieg die Brigantine, um in See zu stechen. Bevor Burgess jedoch Kurs auf Amerika nahm, wollte er den Schiffsrumpf noch mit einer Ladung Sklaven füllen. Eigentlich hatte die Royal African Company das Monopol im Sklavenhandel mit den amerikanischen Kolonien, doch ihr Territorium erstreckte sich nur bis zum Kap der Guten Hoffnung. Östlich des Kaps besaß die East India Company alle Handelsrechte. Da die Verschiffung von Sklaven nach Amerika aber nicht zu ihrem angestammten Geschäftsbereich gehörte, gab es hier einen Freiraum, den einige Händler nutzten, um einen Reibach zu machen.

Bereits in der Mitte des 17. Jahrhunderts waren die ersten Sklavenhändler aus England nach Madagaskar gesegelt, und in den folgenden Jahren beteiligten sich auch vereinzelt Schiffe aus den amerikanischen Kolonien an diesem lukrativen Handel. Obwohl die Sklaven aus Madagaskar vergleichsweise preiswert waren und sich mit einem hohen Gewinn verkaufen ließen, kam eine regelmäßige Verbindung nicht zustande. Der Aufwand und das Risiko, das die übermäßige Länge des Seeweges mit sich brachte, waren einfach zu hoch. Hunger oder Krankheit konnten die menschliche Fracht auf dem Weg nach Amerika schnell dahinraffen, und dann war alles umsonst gewesen. Erst als der Handel mit den Piraten ab etwa 1695 eine weitere Einnahmequelle bot, wurde das Risiko so weit gemindert, daß einige umtriebige Großkaufleute begannen, ihre Schiffe regelmäßig nach Madagaskar zu schicken.

Der größte Gewinner im Madagaskar-Handel war zweifellos Frederick Philipse aus New York. Schon früh erkannte er die Möglichkeiten, die sich durch eine Verbindung des Piraten- mit dem Sklavenhandel ergaben. Er war es auch, der Adam Baldridge nach Madagaskar geschickt hatte, und in den folgenden Jahren machten sich seine Schiffe – darunter auch die *Margaret* – immer wieder auf die beschwerliche Fahrt in den Indischen Ozean. Aber nicht nur die Beschaffung der Waren war mit einem großen Aufwand verbunden, sondern auch der Absatz bereitete mitunter große Schwierigkeiten, denn der Markt für Luxusgüter in den Kolonien war sehr begrenzt. Als in den letzten Jahren des Jahrhunderts die Behörden dann auch noch begannen, den Verkauf von Piratenbeute in Amerika zu unterbinden, ließ er die kostbare Fracht schon auf See auf andere Schiffe umladen und schickte eines, die *Frederick*, sogar bis nach Hamburg.[55]

Während die Royal African Company an der Gold Coast im heutigen Ghana mehrere Forts errichtete, von wo aus englische Kaufleute den Erwerb von Sklaven organisierten, mußten die Sklavenhändler in Madagaskar ihr Geschäft von den Schiffen aus abwickeln. Dabei war ein außerordentliches Verhandlungsgeschick vonnöten. Kauften die Händler zuerst die Sklaven, so konnten die madegassischen Stammeshäuptlinge anschließend den Preis für den notwendigen Proviant in die Höhe treiben. Um dies zu verhindern, steuerte Burgess zunächst verschiedene Ansiedlungen an der Küste an, wo er vor allem Nahrungsmittel für die weite Fahrt nach Amerika kaufen wollte.

Die erste Etappe führte die *Margaret* zu einer nur wenige Seemeilen südwestlich von Sainte Marie gelegenen Stelle, die damals Bonavola genannt wurde. Es handelte sich um kaum mehr als einige an einer Flußmündung gelegene Hütten, in denen ein halbes Dutzend alter Seeräuber zusammen mit etwa achtzig Madegassen lebte. Die Bewohner waren dafür bekannt, daß sie durch den Verkauf von Rindern an die Piraten auf Sainte Marie und an vorbeikommende Händler gute Geschäfte machten. Als Burgess den Ort aufsuchte, erwarb er allerdings nicht mehr als vier Ochsen.[56] Vermutlich erschien ihm der geforderte Preis als zu hoch, es ist aber auch möglich, daß die Besatzung eines anderen Schiffes bereits die meisten Rinder aufgekauft hatte.

Von Bonavola aus kreuzte die *Margaret* etwa ein bis zwei Wochen lang gegen den Wind, dann sichteten die Seeleute an der Südostküste Madagaskars die Überreste des einst mächtigen Forts Dauphin. Die von einem halb verfallenen Turm überragten Ruinen befanden sich auf einer weit in das Meer hinausragenden Landzunge, die einen der schönsten Orte auf Madagaskar darstellte. Zu beiden Seiten schlossen sich weite Buchten mit weißen Sandstränden an, von denen jedoch nur die östlich neben dem Fort gelegene schiffbar war. Im Norden wurde die pittoreske Szenerie von den Ausläufern des östlichen Randgebirges überragt, die aber jetzt, gegen Ende der Regenzeit, meist noch wolkenverhangen waren.

Bereits 1643 war hier eine französische Kolonie gegründet worden. Ebenso wie die englische Ansiedlung in Saint Augustin war aber auch dieses Unternehmen zum Scheitern verurteilt. Immer wieder war es zu blutigen Auseinandersetzungen mit den benachbarten Volksstämmen gekommen. Auch der Versuch, die Beziehungen durch eine organisierte Massenhochzeit französischer Kolonisten mit madegassischen Frauen zu verbessern, hatte nur zu neuen Zerwürfnissen geführt. Zuletzt hatten sich die Siedler in einem permanenten Belagerungszustand befunden. 1674 war die

Kolonie schließlich aufgegeben worden, und die wenigen Überlebenden hatten sich auf den Weg zurück nach Frankreich gemacht. Seitdem waren die Befestigungsanlagen dem Verfall preisgegeben.

Als die *Margaret* in der Bucht neben dem Fort vor Anker ging, lebten einige ehemalige Piraten in den Ruinen, die sie notdürftig als Behausung hergerichtet hatten. Es handelte sich um Besatzungsmitglieder der *John and Rebecca*, die eigentlich hierher gekommen waren, um Sklaven zur Verschiffung nach Amerika aufzunehmen. Als in einem Sturm jedoch die Ankertrosse riß und das Schiff strandete, mußten sich die Piraten an Land retten und in den Ruinen des Forts Unterschlupf suchen. Noch während die etwa vierzig Schiffbrüchigen über einen Ausweg aus ihrer verzweifelten Lage sannen, erfuhr ihr Schicksal eine wundersame Wendung: Eine madegassische Prinzessin erkannte angeblich im Quartiermeister Abraham Samuel ihren Sohn wieder, der von seinem französischen Vater bei der Aufgabe des Forts mitgenommen worden war. Samuel, der in Wirklichkeit ein französischer Mulatte aus Martinique war, wurde mitsamt seinen Kameraden in das nahe Dorf geführt, und ehe sich die Piraten versahen, war Samuel zum König des mehrere Hundert Köpfe umfassenden Volksstammes ausgerufen worden.[57]

Über die Hintergründe dieser merkwürdigen Geschichte lassen sich nur Spekulationen anstellen. Vielleicht waren die Madegassen gerade in Machtkämpfe verstrickt, als eine der Parteien die Möglichkeit erkannte, mit Hilfe der gestrandeten Seeräuber ihre Stellung auszubauen. Ob es lediglich darum ging, einen fehlenden Thronfolger zu finden, oder ob die Seeleute aufgrund ihrer überlegenen Waffen gebraucht wurden, bleibt offen. Auf jeden Fall fand selbst Samuel diese Angelegenheit so dubios, daß er ständig eine Leibgarde von etwa zwanzig ehemaligen Piraten in seiner Nähe behielt. Kurz bevor die *Margaret* Fort Dauphin erreichte, hatte er noch eine Verstärkung durch vierundzwanzig Seeräuber erhalten, die sich ursprünglich auf der *Nassau* nach Amerika absetzen wollten, dann aber doch ihre Pläne geändert hatten und in Fort Dauphin geblieben waren.

Trotz aller Zweifel an der Loyalität seiner madegassischen Gefolgschaft wußte Samuel die Rolle als König bald gebührend auszufüllen. Binnen kurzer Zeit heiratete er gleich mehrere Frauen des Stammes, und auch sonst ließ er sich von seinen neuen Untertanen fürstlich behandeln: So mußten ihn für gewöhnlich einige Madegassen auf den Schultern tragen, weil ihn ein Gichtleiden beim Laufen behinderte. Von Zeit zu Zeit führte Samuel seine Männer in den Krieg gegen benachbarte Volksstämme. Die Gefangenen verkaufte er dann gegen Gold, Silber, Schußwaffen oder andere Waren der westlichen Welt an vorbeikommende Sklavenhändler. Dabei mußten die Besucher des Forts stets auf der Hut sein, nicht selbst ein Opfer von Samuels räuberischem Treiben zu werden. Als beispielsweise gegen Ende 1698 die *Jacob* in der Bucht lag, gelang es den Piraten, in der Nacht die Ankertrosse zu durchtrennen, so daß das Schiff strandete und danach mühelos geplündert werden konnte. Reste des Wracks lagen noch auf dem Strand neben dem ehemaligen Fort. Da Samuel durchaus ein Interesse daran hatte, mit den Händlern gute Geschäfte zu machen, blieben solche Zwischenfälle aber eine Ausnahme. Die meisten Kaufleute wurden von ihm freundlich empfangen und soweit möglich auch mit den gewünschten Gütern versorgt. Bei einem hatte Samuel vor einiger Zeit sogar einen Hut, Strümpfe und Schuhe in Bestellung gegeben, die dieser Burgess mitgegeben hatte, um sie nun in Fort Dauphin abzuliefern.

Kurz nachdem die *Margaret* in der geschützten Bucht vor Anker gegangen war, schickte Burgess das Beiboot an Land, um Samuel die Kiste mit den Waren zu bringen. In den Ruinen hielten sich jedoch nur zwei alte Piraten auf. Von ihnen erfuhren die Besucher, daß sich Samuel mit seiner Gefolgschaft weiter landeinwärts bei den Rinderherden aufhielt, die dort zur Zeit weideten. Burgess sah offenbar keine Möglichkeit, hier Nahrungsmittel oder Sklaven zu kaufen, und so hinterlegte er die Kiste bei den Männern im ehemaligen Fort.

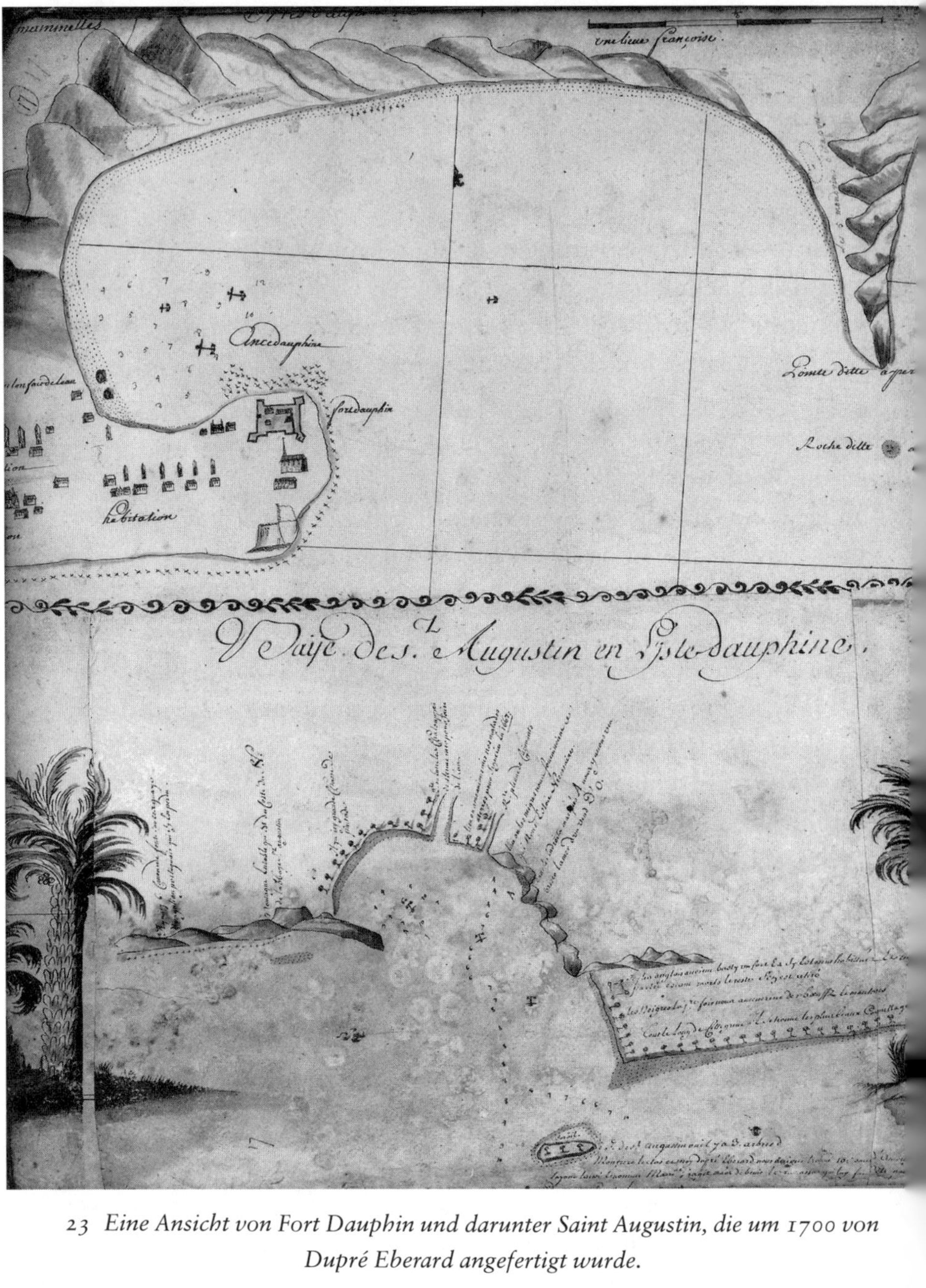

23 Eine Ansicht von Fort Dauphin und darunter Saint Augustin, die um 1700 von Dupré Eberard angefertigt wurde.

Wenig später ließ er dann den Anker lichten, um weiter entlang der Küste in Richtung Westen zu segeln.

Nach vier oder fünf Tagen gelangte das Schiff in die Bucht von Saint Augustin. Da dies eine Gegend war, in der kaum Sklaven gehandelt wurden, wollte Burgess hier vor allem weiteren Proviant aufnehmen. So tauschte der Kapitän in den folgenden Wochen Lebensmittel gegen Musketen, Munition, Messingketten, Armringe, Glasperlen und andere Kleinigkeiten, die er eigens für diesen Zweck aus Amerika mitgebracht hatte. Die *Margaret* lag ungefähr einen Monat lang in der Bucht, dann beschloß Burgess, weiter an die Nordwestküste Madagaskars zu segeln, wo seit jeher arabische Sklavenhändler landeten. Um den Proviant an Bord zu schonen, wurde entschieden, daß einige Passagiere an Land bleiben und erst auf der Rückfahrt wieder an Bord gehen sollten. Bis dahin hatten sie die Aufgabe, weitere Vorräte für die lange Reise nach Amerika anzulegen. Dafür wurden neun Piraten abgestellt, unter ihnen Richard Sievers und Joseph Wheeler. Nachdem Burgess die Wasserfässer der *Margaret* aufgefüllt hatte, machte er sich gegen Ende Mai auf den Weg entlang der Küste in Richtung Norden.

Sievers und seine Gefährten hatten nun viel Zeit, denn sie mußten noch Monate warten, ehe günstige Passatwinde die *Margaret* um das Kap bis in den Südatlantik tragen würden. Sie bauten sich eine kleine Hütte und richteten sich für einen langen Aufenthalt ein. Da es in der steppenhaften Einöde nicht viel zu tun gab, vertrieben sie sich die Zeit vor allem beim Müßiggang. In der Langeweile kam es aber auch öfters zu heftigen Streitigkeiten zwischen den Männern, die selbst den Einheimischen nicht verborgen blieben.[58]

Hin und wieder kauften die Seeleute dem Stamm von Rer Bafoga einige Rinder ab. Dabei mußten sie tief in die Tasche greifen, denn die Madegassen wußten die ständige Nachfrage nach Rindfleisch in bare Münze umzusetzen. War 1697 ein Ochse noch für ein bis zwei spanische Silberstücke zu haben, so verlangten die Inselbewohner jetzt fünfzehn Silberstücke. Vermutlich konnten die Piraten den Preis zwar noch ein wenig herunterhandeln, aber dennoch hatten sie eine gehörige Summe für die benötigten Rinder zu zahlen.

Um das Rindfleisch für die lange Fahrt nach Amerika haltbar zu machen, mußte es gepökelt werden. Dazu war es notwendig, die Tiere gleich nach dem Schlachten zu häuten und in kleine Stücke zu zerlegen. Die noch körperwarmen Fleischstücke mußten dann umgehend mit einer vorher erhitzten Mischung aus Salz und Salpeter bedeckt und getrocknet werden. Einige Tage später rieben die Seeleute die Salzkruste vom Fleisch ab und lagerten es mit viel Salz, dem man manchmal noch etwas braunen Zucker beimischte, in Holzfässer ein. Das derart konservierte Fleisch war zwar nicht sehr schmackhaft, dafür konnte es aber bei sachgemäßer Lagerung auch noch nach Jahren verzehrt werden.

Am Nachmittag des 15. Juli 1699 erspähten Sievers und seine Gefährten plötzlich mehrere Segel am Horizont. Wahrscheinlich ahnten die Piraten sofort, daß es sich um englische Kriegsschiffe handelte. Gespannt blickten sie auf das Meer. Nach einiger Zeit konnten die Seeräuber ein Boot mit einer weißen Flagge erkennen, das sich auf dem Weg zu ihnen an Land befand. Am Strand empfingen sie den Kommandanten des Bootes, der sich als ein Maat der Royal Navy vorstellte. Er erklärte, daß die Schiffe in den Indischen Ozean geschickt worden waren, um die Piraterie zu bekämpfen. Zunächst sollten sie den Seeräubern aber nur eine Amnestie anbieten. Dazu überreichte er den Männern drei Drucke einer Königlichen Proklamation, in der für alle Piraten im Indischen Ozean – mit der Ausnahme von Every und Kidd – Straffreiheit verkündet wurde, wenn sie sich freiwillig wieder zurück in das englische Empire begeben würden.

In den folgenden Tagen schickten die Kriegsschiffe mehrfach ihre Boote an Land, um Feuerholz zu sammeln und die Wasserfässer wieder aufzufüllen. Am 18. Juli ließ der Kommandant des Schwadrons einen Brief an Sievers und Wheeler überbringen, in dem er darauf

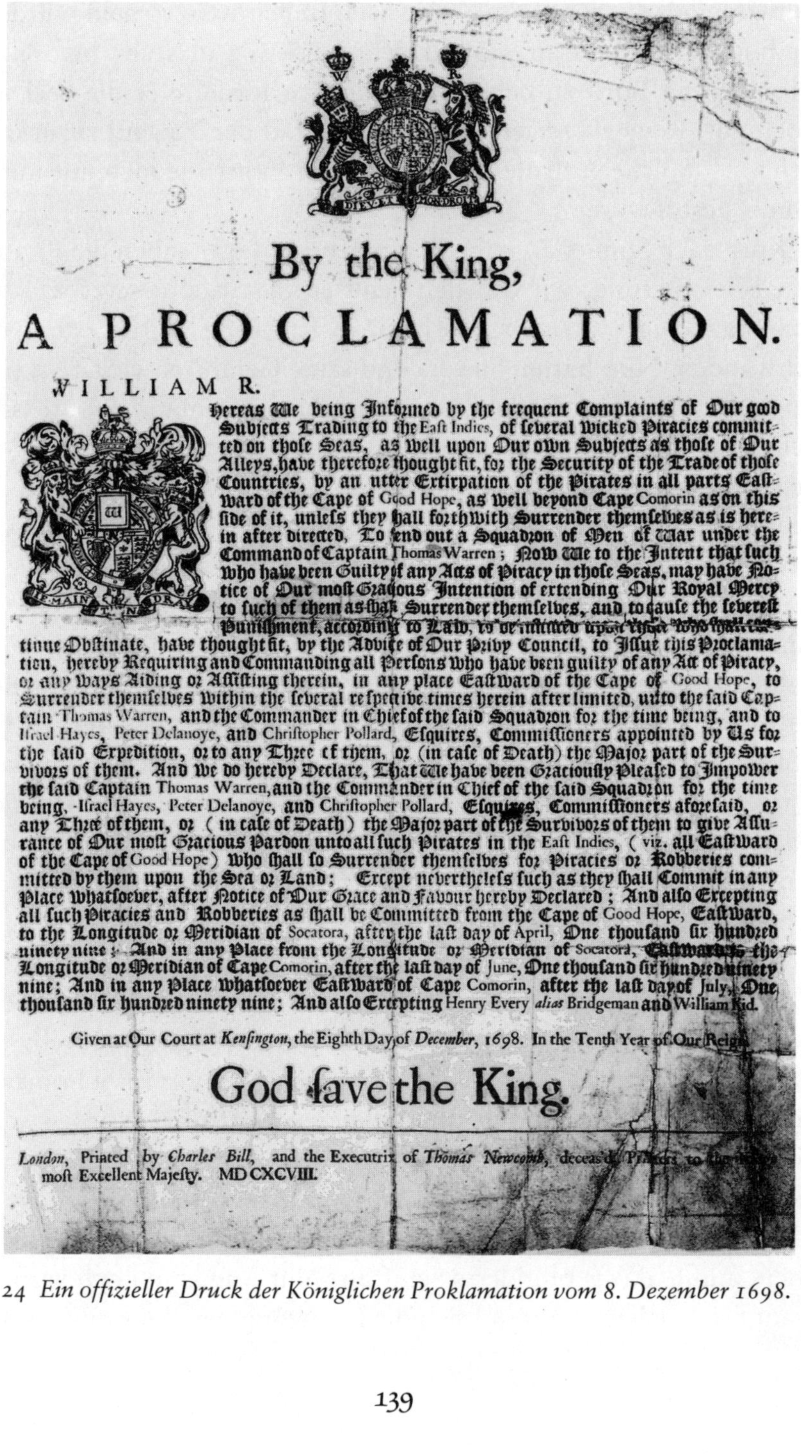
W R

DIEU ET MON DROIT

By the King,

A PROCLAMATION.

WILLIAM R.

Whereas We being Informed by the frequent Complaints of Our good Subjects Trading to the East Indies, of ſeveral Wicked Piracies committed on thoſe Seas, as well upon Our own Subjects as thoſe of Our Alleys, have therefore thought fit, for the Security of the Trade of thoſe Countries, by an utter Extirpation of the Pirates in all parts Eastward of the Cape of Good Hope, as well beyond Cape Comorin as on this ſide of it, unleſs they ſhall forthwith Surrender themſelves as is herein after directed, To ſend out a Squadron of Men of War under the Command of Captain Thomas Warren; Now We to the Intent that ſuch who have been Guilty of any Acts of Piracy in thoſe Seas, may have Notice of Our moſt Gracious Intention of extending Our Royal Mercy to ſuch of them as ſhall Surrender themſelves, and to cauſe the ſevereſt Puniſhment, according to Law, to be inflicted upon thoſe who ſhall continue Obſtinate, have thought fit, by the Advice of Our Privy Council, to Iſſue this Proclamation, hereby Requiring and Commanding all Perſons who have been guilty of any Act of Piracy, or any ways Aiding or Aſſiſting therein, in any place Eaſtward of the Cape of Good Hope, to Surrender themſelves within the ſeveral reſpective times herein after limited, unto the ſaid Captain Thomas Warren, and the Commander in Chief of the ſaid Squadron for the time being, and to Iſrael Hayes, Peter Delanoye, and Chriſtopher Pollard, Eſquires, Commiſſioners appointed by Us for the ſaid Expedition, or to any Three of them, or (in caſe of Death) the Major part of the Survivors of them. And We do hereby Declare, That We have been Graciouſly Pleaſed to Impower the ſaid Captain Thomas Warren, and the Commander in Chief of the ſaid Squadron for the time being, Iſrael Hayes, Peter Delanoye, and Chriſtopher Pollard, Eſquires, Commiſſioners aforeſaid, or any Three of them, or (in caſe of Death) the Major part of the Survivors of them to give Aſſurance of Our moſt Gracious Pardon unto all ſuch Pirates in the East Indies, (viz. all Eaſtward of the Cape of Good Hope) who ſhall ſo Surrender themſelves for Piracies or Robberies committed by them upon the Sea or Land; Except nevertheleſs ſuch as they ſhall Commit in any Place whatſoever, after Notice of Our Grace and Favour hereby Declared; And alſo Excepting all ſuch Piracies and Robberies as ſhall be Committed from the Cape of Good Hope, Eaſtward, to the Longitude or Meridian of Socatora, after the laſt day of April, One thouſand ſix hundred ninety nine; And in any Place from the Longitude or Meridian of Socatora, Eaſtward to the Longitude or Meridian of Cape Comorin, after the laſt day of June, One thouſand ſix hundred ninety nine; And in any Place whatſoever Eaſtward of Cape Comorin, after the laſt day of July, One thouſand ſix hundred ninety nine; And alſo Excepting Henry Every *alias* Bridgeman and William Kid.

Given at Our Court at *Kenſington*, the Eighth Day of *December*, 1698. In the Tenth Year of Our Reign.

God ſave the King.

London, Printed by *Charles Bill*, and the Executrix of *Thomas Newcomb*, deceas'd; Printers to the King's moſt Excellent Majeſty. MDCXCVIII.

24 *Ein offizieller Druck der Königlichen Proklamation vom 8. Dezember 1698.*

hinwies, daß die Schiffe in Kürze nach Indien weitersegeln würden. Er bot den Piraten an, sie auf dem Rückweg in sechs bis sieben Monaten an Bord zu nehmen. Schließlich forderte er die Seeleute noch auf, Reue zu zeigen und auf den Pfad der Tugend zurückzukehren.[59] Solche Aufrufe dürften bei den Piraten jedoch auf taube Ohren gestoßen sein.

Kurz nach Sonnenaufgang des folgenden Tages sahen die Piraten mit Erleichterung, wie auf den Schiffen die Segel gesetzt wurden und sie wenig später am Horizont in Richtung Nordwesten verschwanden. Nun hatten Sievers und seine Gefährten viel Zeit, sich über das Angebot Gedanken zu machen. Niemand wollte sein Schicksal wirklich in die Hände der englischen Obrigkeit legen. Selbst wenn die Amnestie sie vor dem Galgen bewahrte, mußten die Seeräuber auf jeden Fall damit rechnen, ihre Beute zu verlieren. Alle Mühen wären dann vergeblich gewesen. Und das wollte keiner in Kauf nehmen. Die Piraten betrachteten die Amnestie vielmehr als eine Art Lebensversicherung, auf die sie sich erst im Fall einer Festnahme zu ihrer Entlastung berufen wollten. Natürlich hoffte jeder, daß es nicht soweit kommen würde. Vorerst blieb ihnen aber nichts übrig, als weiterhin Vorräte anzulegen und auf die Rückkehr von Burgess zu warten. So verbrachten die Männer noch Wochen, den Blick immer wieder auf die See gerichtet. Doch außer einigen Booten, mit denen die Madegassen auf Fischfang gingen, war nichts zu sehen.

Anfang September erschien endlich eine Brigantine in der Bucht. Es war allerdings nicht die *Margaret*, sondern die *Peter*, die ebenfalls aus New York kam. Von ihrem Kapitän George Revelly erfuhr Sievers, daß das Handelsschiff auf dem Weg zur Insel Bourbon von französischen Piraten überfallen und entführt worden war. Über einen Monat lang hatte sich das Schiff mitsamt seiner Besatzung in der Hand der Franzosen befunden, dann erst durfte Revelly die Fahrt fortsetzen.[60] Bevor die Seeleute in die Heimat aufbrachen, mußte das geplünderte Schiff in Saint Augustin noch verproviantiert werden. Während sich die Besatzung der *Peter* nun daranmachte, die benötigten Nahrungsmittel zu besorgen, warteten Sievers und die anderen Piraten weiterhin in der Einöde auf die Rückkehr von Burgess. Nach ungefähr drei Wochen tauchte ein weiteres Schiff am Horizont auf. Es war ein Dreimaster von ungefähr zweihundert Tonnen, der da in der Bucht vor Anker ging. Das Schiff bot vermutlich einen seltsamen Anblick, denn es war deutlich zu erkennen, daß der Zedernholzrumpf in der Mitte durch Eichenplanken um einige Meter verlängert worden war.

Ursprünglich war das englische Schiff, das den Namen *Beckford* trug, nach Madagaskar gekommen, um Sklaven in die Karibik zu transportieren. Nachdem die Sklavenhändler am 30. Mai des Jahres in Tulear – nur etwa zehn Meilen nördlich von Saint Augustin – vor Anker gegangen waren, konnten einige gestrandete Seeräuber, angeführt von einem Evan Jones, das Schiff entern und in Besitz nehmen. Die meisten Besatzungsmitglieder wurden an Land ausgesetzt, danach tauften die Piraten das mit zwanzig Kanonen bewaffnete Schiff *Tulear* und segelten entlang der Küste nach Fort Dauphin.[61] Hier hofften sie wahrscheinlich, weitere Piraten aufzunehmen, denn mit ungefähr dreißig Seeleuten reichte die Besatzung noch lange nicht aus, um einen aussichtsreichen Raubzug unternehmen zu können. Vor dem Fort gelang es der Mannschaft der *Tulear* dann aber, die *Prophet Daniel* aufzubringen, die sich gerade auf dem Rückweg von Sainte Marie nach New York befand. Das Schiff wurde geplündert und anschließend König Samuel geschenkt, der es gleich an andere Piraten weiterverkaufte. Inzwischen war die *Tulear* bereits in einem ziemlich schlechten Zustand, und so machte sich Jones mit seinen Leuten wieder auf den Weg zurück nach Saint Augustin, wo das Schiff erst einmal überholt werden sollte.

Nach einer Besichtigung der Bucht begann die Mannschaft, die *Tulear* zum Kielholen klarzumachen. Dazu räumten die Seeleute zunächst alle beweglichen Teile auf die zuvor längsseits gegangene *Peter*. Als der Dreimaster so weit entladen war, daß er kaum noch

Tiefgang hatte, geschah etwas Unvorhergesehenes: Eine plötzliche Windböe erfaßte die *Tulear* und drückte das durch den fehlenden Ballast instabile Schiff so unglücklich auf eine Sandbank, daß der verlängerte Kiel zerbrach. Schnell drang Wasser in den Rumpf, und das Schiff war nicht mehr zu retten. Einige Tage später steckten die Madegassen das Wrack auch noch in Brand, um wenigstens an die in Rumpf und Takelage verarbeiteten Metallteile heranzukommen.

Die glücklosen Piraten hatten nun schon zum zweiten Mal ihr Schiff verloren. Doch das war noch längst kein Grund aufzugeben. Evan Jones fragte den Kapitän der *Peter*, ob er mit ihm zusammen einen Raubzug an die indische Küste unternehmen würde. George Revelly wollte sich auf ein solches Wagnis jedoch nicht einlassen und lehnte das Angebot ab. Daraufhin nahmen die Piraten die Brigantine einfach in ihren Besitz. Alle Besatzungsmitglieder, die sich den Seeräubern nicht anschließen wollten, durften noch ihr persönliches Hab und Gut zusammenpacken, dann wurden sie gezwungen, ihr Schiff zu verlassen. Da sich die Kanonen sowie die meisten anderen Ausrüstungsgegenstände der *Tulear* schon auf der *Peter* befanden, mußte sich die Mannschaft jetzt nur noch ein wenig Proviant beschaffen und die Wasserfässer wieder auffüllen, um in den Osten aufbrechen zu können.

Anfang Oktober, nur wenige Tage nach dem Schiffbruch der *Tulear*, erschien endlich die *Margaret* am Horizont. Der Abstecher hatte sich für Burgess gelohnt: Im Unterdeck des Schiffes saß ein angeketteter Sklave neben dem anderen, insgesamt einhundertvierzehn unglückliche Seelen – Männer, Frauen und auch Kinder –, die ängstlich darauf warteten, in eine ungewisse Zukunft verkauft zu werden. Burgess berichtete, daß er die Sklaven bei König Simanato im äußersten Nordwesten der Insel erworben habe. Erleichtert wurde der Handel durch die Tatsache, daß dort ein erbitterter Krieg zwischen zwei verfeindeten Volksstämmen herrschte. In einer solchen Situation war nicht nur die Nachfrage nach Schußwaffen besonders groß, sondern es standen auch zahlreiche Kriegsgefangene zum Verkauf in die Sklaverei zur Verfügung. Ein gerissener

25 Ein schwerbewaffneter Pirat beim Verproviantieren seines Schiffes. Die Abbildung stammt aus der General History of the Pyrates *von 1734.*

Kapitän wie Burgess wußte solche Umstände auszunutzen, und so konnte er sowohl die Sklaven als auch eine große Menge Reis zu einem günstigen Preis erwerben.

Mit Interesse vernahm Burgess nun die Neuigkeiten von der Amnestie. Alle Seeleute waren sich darin einig, daß sie auf jeden Fall ihre Fahrt in die Karibik fortsetzen wollten. Die Vorbereitungen dafür waren inzwischen so gut wie abgeschlossen. Während die Männer die Fässer mit dem gepökelten Rindfleisch auf die *Margaret* luden, schlossen sich ihnen der Kapitän und drei ehemalige Seeleute von der *Peter* an. Da die französischen Piraten ihnen bereits die gesamten Wertsachen abgenommen hatten, mußten sie sich wahrscheinlich verpflichten, später in New York für die Fahrt zu bezahlen.

Wer nicht auf der *Margaret* mitkam, konnte natürlich auch mit Evan Jones auf einen Raubzug gehen. Als Anreiz, auf der immer noch unterbemannten *Peter* anzuheuern, bot Jones den Seeleuten sogar ein wenig Geld an. Einige nahmen dieses Angebot an. Einer von ihnen, der Schiffsarzt Thomas Freeland, ließ sich vor der Abfahrt der Brigantine von Evan Jones noch bescheinigen, daß er gegen seinen Willen bei den Piraten festgehalten werde. Es scheint aber, als ob sich Freeland in Wahrheit freiwillig den Seeräubern angeschlossen hatte und sich auf diese ungewöhnliche Weise nur ein Alibi für eine spätere Rückkehr nach Amerika verschaffen wollte. Bevor sich die Wege der Seeleute ein für allemal trennten, schrieb Evan Jones noch einen Brief an seinen Vater in Wales, in dem er ihm mitteilte, daß er nach einer entbehrungsreichen Zeit endlich Kapitän eines Piratenschiffes sei und voraussichtlich erst in fünf Jahren heimkehren werde.[62] Offenbar sollte Burgess das Schreiben später nach Europa weiterleiten. Am 8. November ließ Jones den Anker lichten und die *Peter* segelte von dannen. Vom Schiff mitsamt seiner Besatzung wurde nie wieder etwas gehört.

Ungefähr eine Woche später begaben sich Sievers und die anderen Seeleute wieder auf die *Margaret*, und die Mannschaft setzte die Segel, um sich auf den Weg in Richtung Südatlantik zu machen. Das nächste Ziel war die kleine Insel Saint Helena, wo es einen Stützpunkt der East India Company gab. Dort mußte Burgess seine Sklaven verzollen, wofür ihm im Gegenzug eine Bescheinigung über die Herkunft seiner wertvollen Fracht ausgestellt werden sollte. So hoffte er, mögliche Schwierigkeiten mit den Behörden von vornherein zu vermeiden. Seine Hoffnung sollte sich nicht erfüllen.

Kapitel 10

Die letzte Fahrt

Als sich die *Margaret* schon einige Tage auf hoher See befand, zog ein Sturm auf, und die Besatzung mußte die Segel reffen, schließlich sogar einholen. Tagelang war das Schiff ein Spielball der meterhohen Wellen, dann ließ der Wind endlich nach, und die Männer konnten ihre Fahrt fortsetzen. Beim Überprüfen des Schiffes und seiner Ladung stellte Burgess jedoch fest, daß ein großer Teil der Reisvorräte durch eingedrungenes Meerwasser verdorben war. Der Kapitän hatte zwar keine Skrupel, den ohnehin schon seekranken Sklaven ungenießbaren Proviant vorzusetzen, auf keinen Fall wollte er aber riskieren, durch einen fahrlässig verursachten Tod der Sklaven um seinen Anteil in der Höhe von zweieinhalb Prozent des Verkaufserlöses gebracht zu werden. Nach einigem Hin und Her entschloß sich Burgess, den Kurs zu ändern und einen Stopp am Kap der Guten Hoffnung einzulegen. Dort wollte er dann neue Lebensmittel für seine wertvolle Fracht kaufen.[63]

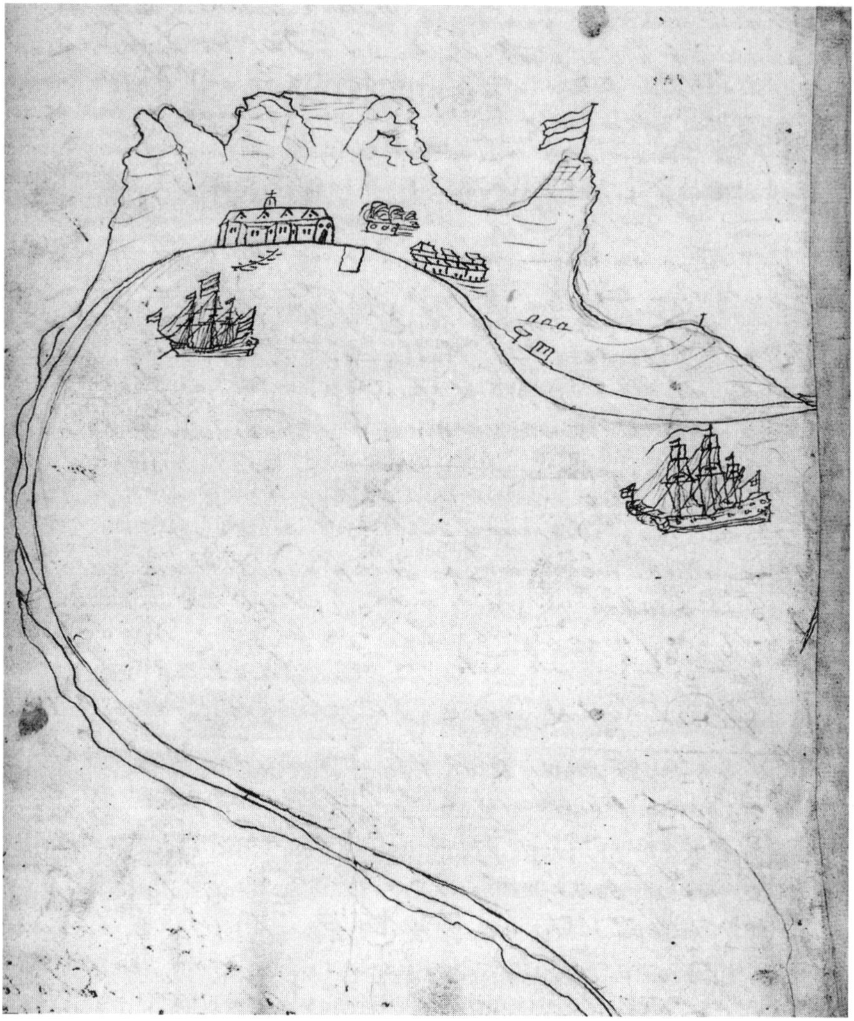

26 Kurz bevor die Margaret *am Kap ankam, fertigte Matthew Lowth diese Zeichnung vom Einlaufen der* Loyal Merchant *in seinem Logbuch an. Am Fort lag bereits die niederländische* Waalstrom *vor Anker, die wenige Wochen zuvor aus Batavia, dem heutigen Djakarta, gekommen war.*

Am späten Vormittag des 18. Dezember lief das kleine Schiff in den Hafen am Kap ein. Beim Passieren des unter einem imposanten Tafelberg liegenden Forts salutierte Burgess die Niederländer mit drei Kanonenschüssen, dann ließ er den Anker werfen. In der Bucht lagen bereits zwei Schiffe. Eines kam aus Holland, das andere war ein Dreimaster der East India Company. Schon kurz nach der Ankunft der *Margaret* setzte der englische Ostindienfahrer sein Beiboot aus, und einige Seeleute kamen zum Sklavenschiff herübergerudert. Burgess begrüßte den Offizier an der Bordwand, und die Seeleute tauschten einige Informationen über Herkunft und Kurs ihrer Schiffe aus. Anschließend ruderten die Männer wieder zurück zu ihrem Schiff, das den Namen *Loyal Merchant* trug.

Nur kurze Zeit nach diesem Besuch bemannten die Engländer ihre Pinasse, und das Boot kam zur *Margaret* herübergesegelt. Der Offizier, der von einem Dutzend mit Musketen bewaffneten Seeleuten begleitet wurde, kletterte auf das Deck und verlangte von Burgess, sich mit den Schiffspapieren auf die *Loyal Merchant* zu begeben, um dem Kapitän Rede und Antwort zu stehen. Zur Untermauerung seiner Forderung zeigte er eine vom englischen König ausgestellte Ermächtigung, die es ihm erlaubte, alle der Piraterie verdächtigten Schiffe zu kontrollieren und gegebenenfalls aufzubringen. Zwar erklärte Burgess, daß er mit der East India Company nichts zu tun haben wolle, letztendlich sah er aber keine andere Möglichkeit, als sich mit der Zollerklärung aus New York und einigen anderen Papieren unter dem Arm auf das mit dreißig Geschützen bestückte Ostindienschiff zu begeben.

Damit war die Sache allerdings noch nicht ausgestanden. Am Nachmittag kam die Pinasse wieder. Nun forderte der Offizier alle übrigen Besatzungsmitglieder und Passagiere auf, ihn auf die *Loyal Merchant* zu begleiten. Natürlich weigerten sich die Seeleute, dieser Aufforderung nachzukommen. Einer von ihnen erwiderte, der Kommandant des Schiffes solle doch zu ihnen herüberkommen, wenn es etwas zu besprechen gäbe. Der Offizier war mit der Antwort zwar nicht zufrieden, aber anscheinend hatte er keinen Befehl, die Männer festzunehmen, und so machte er sich unverrichteter Dinge wieder auf den Weg zurück zu seinem Schiff.

Sievers und seine Gefährten saßen in der Falle. Allen war klar, daß sie etwas tun mußten, um nicht einer nach dem anderen von den Engländern festgenommen zu werden. Kurzerhand beschlossen einige von ihnen – Sievers war allerdings nicht darunter –, zu den Holländern zu fliehen. In einem günstig erscheinenden Moment ließen fünf Piraten sowie zwei Besatzungsmitglieder der *Margaret* das Beiboot zu Wasser und ruderten so schnell sie konnten in Richtung Land. Die Seeleute hatten gerade einmal wenige Meter zurückgelegt, da bemerkte auch schon die Wache der *Loyal Merchant* die Flucht. Sofort machten sich die Engländer mit ihren beiden Booten an die Verfolgung. Für kurze Zeit versuchten sie die Flüchtenden zu erreichen, dann sahen sie ein, daß es aussichtslos war und gaben auf. Das Boot der *Margaret* erreichte indessen unbehelligt den Strand, wo jedoch wenig später fünf von ihnen von den Holländern festgenommen wurden. Die beiden übrigen konnten sich in die Büsche schlagen und entkommen.[64]

Die auf der *Margaret* verbliebenen Piraten waren derweil damit beschäftigt, ihre Beute im Schiffsrumpf zu verstecken. Die vielen dunklen Ecken und Winkel an Bord boten dazu unzählige Möglichkeiten. So deponierten die Räuber zwei Säcke mit ungefähr achthundert Silbermünzen im Pumpenschacht, andere Schätze wurden in Hohlräumen an der Bordwand verstaut, und auch in der Bilge fanden einige Wertsachen Platz. Schließlich warfen sie ihre Goldstücke sogar in die Teerfässer. Offenbar hofften sie, daß die Beute dort niemand finden würde.

Nur wenig später schickte der Ostindienfahrer seine beiden Boote zur *Margaret*. Die Engländer kletterten an Bord und zwangen mit vorgehaltenen Pistolen und Musketen alle Seeleute, derer sie habhaft werden konnten, in die Boote. Unter den Gefangenen befand sich auch Richard Sievers. Als ein Pirat sich mit deftigen Worten bei einem Offizier über die Behandlung beschwerte, wurde er mit einem Säbel brutal niedergeschlagen. Jetzt wußten die Seeräuber, daß die Amnestie kaum das Papier wert war, auf dem sie verkündet worden war.

Doch nicht alle Männer von der *Margaret* ließen sich so einfach festnehmen. Einige von ihnen hatten sich hastig zwischen der Ladung unter Deck versteckt, als sie die Boote herannahen sahen. Sie wollten wohl eine günstige Gelegenheit abwarten und spekulierten darauf, dann die Flucht zu ergreifen. Vorerst mußten die Seeleute aber viel Geduld beweisen, denn die Engländer hatten bewaffnete Wachen auf dem Deck der *Margaret* aufgestellt.

Gleich nachdem Sievers und die anderen Gefangenen auf die *Loyal Merchant* gebracht worden waren, wurden sie von einem Offizier des Schiffes durchsucht. Die meisten hatten in ihren Gürteln oder Westen Gold- und Silbermünzen von einem beträchtlichen Wert eingenäht. Später wurden auch die Truhen und Säcke der Seeleute auf das Ostindienschiff gebracht und der gesamte Besitz der Seeleute beschlagnahmt. Sievers besaß noch ungefähr hundert Pfund. Im Vergleich zu den Schätzen einiger anderer Piraten war sein Vermögen allerdings gering. So fanden sich bei Arnaud Vielé, dem ehemaligen Schiffsarzt von Cullifords *Resolution*, rund elfhundert Pfund, ein gewisser Hugh Bankes hatte sogar fünfzehnhundert Pfund bei sich, und George Ogle, der lange mit Sievers gefahren war, besaß siebenhundert Pfund. Das Geld bestand, wie es in einer Aufstellung der Summen hieß, aus allen Münzsorten des Universums.[65] Nun nützten diese Reichtümer den Seeleuten aber nicht mehr viel. Obwohl sich Sievers und die anderen Gefangenen mehrfach auf die Amnestie beriefen, wurden sie auf dem Vorderkastell zusammengekettet. Ihr Schicksal lag jetzt in den Händen der Engländer. Sie selbst konnten nicht mehr viel tun, außer darauf hoffen, irgendwie ihren Kopf zu retten. Zumindest so bald würde es jedoch zu keinem Prozeß kommen, denn die *Loyal Merchant* befand sich auf dem Weg nach Indien, und da gab es keine Seegerichte.

Am Nachmittag des folgenden Tages wurden die Gefangenen nacheinander in die Offiziersmesse geführt und vom Kapitän verhört. Die Piraten wußten, daß ihr Leben auf dem Spiel stand. Sollten sie sich in Widersprüche verstricken, so konnte das bei einem späteren Gerichtsverfahren das Todesurteil bedeuten. Um ihre Haut und möglichst auch die Beute zu retten, hatten sie bereits untereinander Absprachen getroffen. Zur Erklärung für ihre zum Teil immensen Reichtümer gaben alle an, diese von verstorbenen Seeräubern geerbt zu haben. Für die Raubzüge hatte jeder Pirat jedoch seine eigene Geschichte zu präsentieren.

Als Richard Sievers vom Kommandanten Matthew Lowth über seine Fahrten durch den Indischen Ozean befragt wurde, versuchte er zunächst seine Beteiligung am Überfall auf die *Fath-i Mahmamadi* und die *Ganj-i Sawai* zu vertuschen. Zu diesem Zweck verlegte er die Fahrt der *Portsmouth Adventure* in den Indischen Ozean einfach um ein Jahr nach hinten und beschränkte sich auf die Schilderung einiger unbedeutender Überfälle auf indische Küstenschiffe, die allesamt keine nennenswerte Fracht geladen hatten. Wahrscheinlich ging er davon aus, daß ihn die Engländer dafür sowieso nicht bestrafen könnten. Angriffe auf europäische Schiffe oder gar den Handstreich in Calicut erwähnte er selbstverständlich nicht. Nach Beendigung der Befragung wurde das Protokoll noch von einem der anwesenden Offiziere verlesen, und Sievers mußte den wahrheitsgemäßen Inhalt seiner Aussage beeiden, dann wurde er zurück auf das Vorderkastell gebracht und wieder in Ketten gelegt.

Während die Seeleute auf der *Loyal Merchant* beim Abendessen waren, donnerte plötzlich ein Kanonenschuß von der *Margaret* herüber. Sofort schickte Lowth ein Boot zu seiner Prise, um dort nach dem Rechten zu sehen. Als es nach einiger Zeit wieder zurückkam, waren elf weitere Gefangene an Bord. Es handelte sich um die Männer, die sich zunächst versteckt gehalten hatten. Nun hatte sie aber der Hunger an Deck getrieben, wo sie gleich von der überraschten Wache festgenommen worden waren. Auch sie wurden umgehend in Ketten gelegt.

Am nächsten Morgen wurde die *Margaret* zur *Loyal Merchant* geschleppt und dort vertäut. Anschließend durchsuchten die Engländer ihre Prise nach Hinweisen auf ungesetzliche Handlungen. Lowth

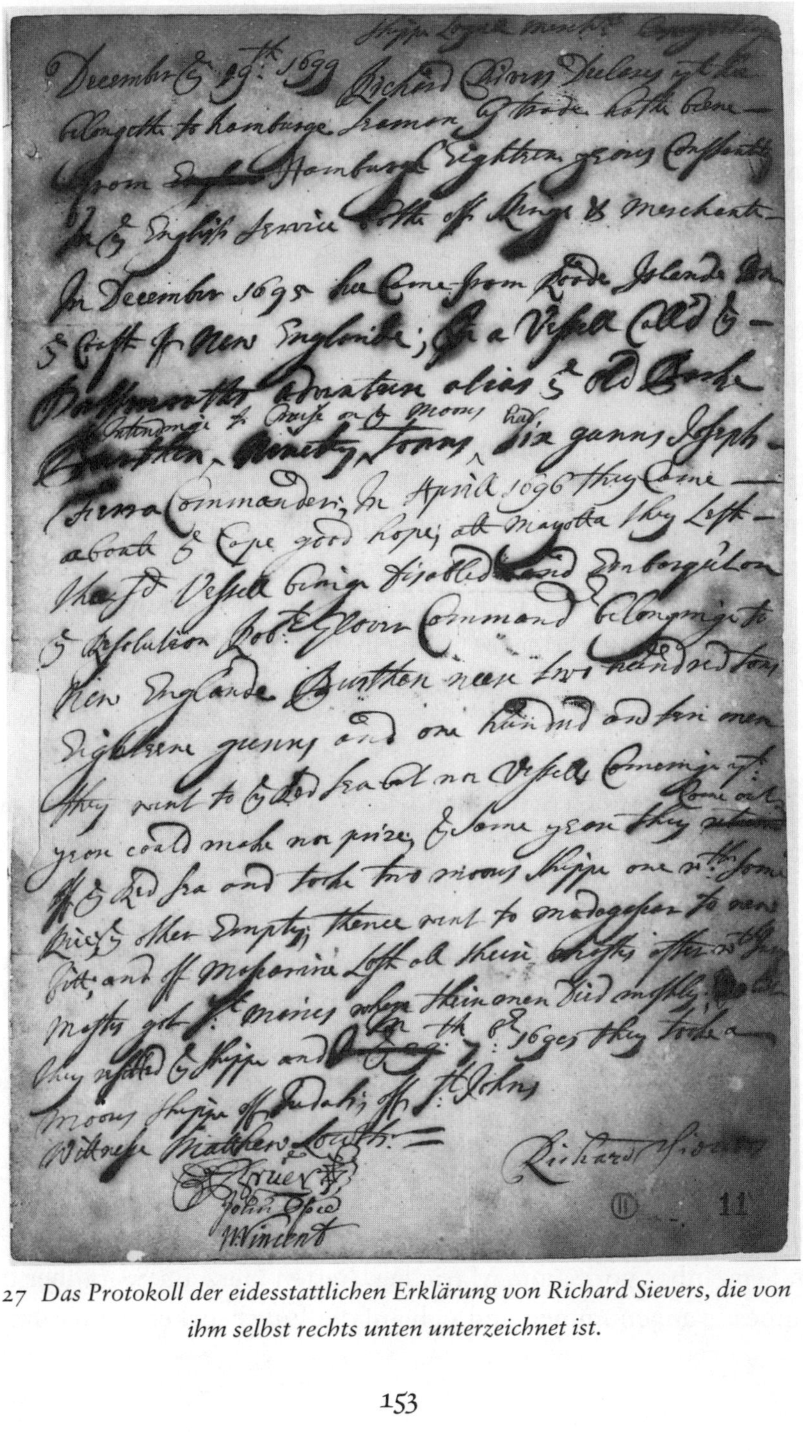

Shippe Loyall merchant [illegible]
December ye 19th 1699 Richard Sievers declares yt hee belongeth to hamburge seaman by trade hath beene from Hamburgh Eighteen years Constantly in ye English service both of Kings & merchants
In December 1695 hee Came from Roade Islande on ye Coast of New Englande; in a Vessel Called ye [illegible] alias ye [illegible] Burthen Ninety tons six gunns Joseph Farra Commander; In April 1696 they Came about ye Cape good hope; at Mayotta they Left the sd Vessell being disabled and Embarqued on ye Resolution Robt Glover Command belonging to New Englande Burthen neere two hundred tons Eighteen gunns and one hundred and ten men they went to ye Red Sea but no Vessells Comming out yt yeare coald make no prize, & some yeare they [illegible] of ye Red Sea and tooke two moors shippe one with some [illegible] ye other Empty; thence went to Madagascar [illegible] and [illegible] Lost al their [illegible] after [illegible] got ye monies [illegible] the 8th 1697 they tooke a moors shippe [illegible] St Johns
Wittnesse Matthew Louth
[illegible]
John Speed
W Vincent
Richard Sievers

27 *Das Protokoll der eidesstattlichen Erklärung von Richard Sievers, die von ihm selbst rechts unten unterzeichnet ist.*

brauchte dringend Beweise dafür, daß es sich bei den Gefangenen um Piraten handelte, denn die Niederländer hatten bereits mehrfach ein Boot zur *Loyal Merchant* geschickt und eine Erklärung für die Vorgänge auf der *Margaret* verlangt. Für sie war das Aufbringen eines Schiffes in den Gewässern vor der Kolonie eine eindeutige Verletzung ihrer Hoheitsrechte. Lowth ließ sich von solchen Einwänden jedoch nicht beeindrucken. In den folgenden Tagen begab er sich einige Male an Land und zeigte dem Gouverneur Willem Adrian van der Stel seine Vollmacht sowie zahlreiche andere Papiere von der *Margaret*, die seiner Meinung nach sein entschiedenes Vorgehen rechtfertigten.[66]

Kurz vor Sonnenuntergang des 21. Dezember lief ein weiteres aus dem Indischen Ozean kommendes Schiff in den Hafen der Kapkolonie ein. Da Lowth vermutete, daß die unter englischer Flagge segelnde Pinke ebenfalls Seeräuber an Bord hatte, schickte er sogleich das Beiboot zum verdächtigen Schiff, um den Kapitän auf die *Loyal Merchant* zu bringen. Nach einem kurzen Verhör wurde auch er auf dem Vorderkastell festgesetzt.

Bei dem kleinen Schiff handelte es sich um die *Vine* von Thomas Warren. Die Pinke hatte ursprünglich das Geschwader der Royal Navy begleitet, das im Januar 1699 in den Indischen Ozean geschickt worden war, um die Piraterie zu bekämpfen. Als sich die Kriegsschiffe im Februar nach einem Aufenthalt auf den Kapverdischen Inseln auf den Weg nach Indien machten, mußte die *Vine* wegen eines Lecks jedoch zurückbleiben. Nach der Reparatur sollte Warren dann die anderen Schiffe vor der Insel Bourbon wiedertreffen, allerdings waren die Fregatten im verabredeten Zeitraum dort nicht erschienen. Für diesen Fall hatte der Kapitän den Befehl erhalten, die Küste Madagaskars entlang zu segeln und dort die Amnestie für die Piraten zu verkünden. Während das Schiff im September vor Sainte Marie lag, hatten vierzehn Seeräuber die Amnestie angenommen und sich auf die *Vine* begeben. Unter ihnen befand sich Robert Culliford, der nicht nur mehrere Kisten voll von Beute, sondern auch einige Sklaven mit nach England nehmen wollte.[67]

Nachdem Lowth von den Piraten auf dem Schiff erfahren hatte, versuchte er, auch die *Vine* in Beschlag zu nehmen. Doch diesmal waren ihm die Niederländer zuvorgekommen: Auf dem Deck hatten sie zahlreiche Soldaten als Wachen postiert, die niemanden an Bord ließen. Als die Pinasse der *Loyal Merchant* am Schiff ankam, bedrohten sie die Engländer mit ihren Säbeln, so daß diese unverrichteter Dinge wieder umkehren mußten. Ihnen blieb nichts übrig, als ihrem Kommandanten eine Meldung über den Vorfall zu machen.

Da Lowth nun nichts gegen Warren in der Hand hatte, mußte er den Kommandanten der *Vine* am nächsten Morgen freilassen. In den folgenden Tagen schrieb Lowth noch einen Brief an die East India Company, den Warren nach London mitnehmen sollte. Darin berichtete er überschwenglich von der Festnahme zahlreicher Piraten, die angeblich zu Everys und Kidds Besatzungen gehört hatten.[68] Lowth war sichtlich stolz auf seinen Fang.

Während sich Sievers und die anderen zusammengeketteten Gefangenen bei trüben Aussichten die Zeit vertrieben, feierte die Mannschaft der *Loyal Merchant* unter sommerlichen Verhältnissen Weihnachten. Gleich nach dem Fest ließ Lowth die Sklaven an Land bringen und verkaufte sie an die Holländer. Hierfür erzielte er nicht nur einen minimalen Ertrag, sondern er mußte auch noch beim Gouverneur einen hohen Zoll abführen. Die unverdorbenen Reisvorräte und einige andere Schiffsbestände aus der *Margaret* gab Lowth als eine Art Wiedergutmachung an Warren weiter, der sie auf seiner Fahrt in die Heimat sicherlich gut gebrauchen konnte. Darüber hinaus hätte Lowth auch gerne die *Margaret* an die Holländer verkauft, allerdings erlaubten die niederländischen Gesetze nur die Verwendung von im Mutterland gebauten Schiffen. So mußte der Kapitän die Prise mit nach Indien nehmen.

Am 29. Dezember zeigten die Proteste von Burgess gegen seine Festnahme zumindest einen kleinen Erfolg: Lowth ließ ihm und den anderen Besatzungsmitgliedern der *Margaret* die Ketten abnehmen und ihnen eine Kabine auf der *Loyal Merchant* zuweisen. Sievers sowie die anderen Piraten, aber auch die ehemaligen Besatzungsmitglieder der *Peter*, blieben weiter festgekettet auf dem Vorderkastell. Obwohl die beiden Schiffe inzwischen bereit zur Abfahrt waren, mußten die Seeleute auch in den folgenden Tagen weiter am Kap warten. Ein starker Ostwind verhinderte zunächst noch das Auslaufen. Erst am frühen Morgen des 5. Januar 1700 konnte Lowth die Anker lichten lassen, und die *Loyal Merchant* verließ zusammen mit der *Margaret* das Kap.

Um nach Indien zu gelangen, gab es zwei verschiedene Wege: Viele Schiffe umsegelten das südliche Afrika in einem großen Bogen und legten erst auf Madagaskar oder den Komoren einen Zwischenstopp ein, wo sie Proviant aufnahmen, um dann im Juni oder Juli mit dem Südwestmonsun in den Segeln den Indischen Ozean zu überqueren. Weil vorerst aber noch der Nordostmonsun vorherrschte, mußte Lowth eine andere Route wählen. Die Schiffe steuerten zunächst vom Kap einen östlichen Kurs. Erst nach einigen Wochen änderten sie ihre Route allmählich in Richtung Norden, bis sie schließlich irgendwo im Südwesten Indiens Land erreichten. Zuvor waren aber noch viele Strapazen und Entbehrungen zu überstehen.

Während der ganzen Fahrt machte das Wetter den Seeleuten arg zu schaffen. Immer wieder peitschten Stürme über die Schiffe hinweg. Kaum hatten die Ostindienfahrer ein Unwetter hinter sich gelassen, da kündigten entfernte Donner und Blitze am Horizont schon das nächste Gewitter an. Für die unter freiem Himmel zusammengeketteten Gefangenen entwickelte sich die Fahrt schon bald zu einer Tortur. Um sich vor den Gewalten der Natur zu schützen, hatten sie nur einige Persennings, und die waren auch noch zerschlissen und verfault.

Wahrscheinlich infolge des schlechten Wetters wurden gegen Ende Februar mehrere Gefangene krank. Sievers konnte nichts tun, als hilflos mit anzusehen, wie ein Seemann nach dem anderen vom Fieber befallen wurde. Zwar ließ der Schiffsarzt einige kranke Gefangene unter Deck bringen, aber für zwei Piraten kam jede Hilfe zu spät. Sie starben innerhalb weniger Tage. Damit fand das Unglück aber noch kein Ende: Als sich die meisten Kranken schon wieder auf dem Wege der Besserung befanden, fiel ein Besatzungsmitglied der *Loyal Merchant* von einer Rah des Hauptmastes und ertrank im Meer.[69] Solche tragischen Unfälle waren zwar nicht außergewöhnlich, aber dennoch verschlechterten sie zumindest für eine Zeitlang die ohnehin schon gedrückte Stimmung an Bord. Außerdem neigten Seeleute dazu, derartige Zwischenfälle als schlechtes Omen für den weiteren Verlauf der Fahrt zu deuten. Ihr Gefühl sollte nicht trügen.

Schon bald zeichnete sich ab, daß der Proviant nicht ausreichen würde, um ohne Schwierigkeiten die indische Küste zu erreichen. Zunächst ließ Lowth nur die Rationen der dahinsiechenden Gefangenen auf ein Mindestmaß kürzen, doch später mußte sich die Mannschaft der *Loyal Merchant* ebenfalls mit ständig kleiner werdenden Portionen begnügen. Nun litten alle Seeleute an Hunger und Durst, und auch der Skorbut machte den Männern schwer zu schaffen.

Am 18. April passierten die beiden Schiffe endlich einige zu den Lakkadiven gehörende Koralleninseln. Drei Tage später erspähte der Ausguck dann im Morgendunst die indische Küste. Der Weg nach Bombay war allerdings noch weit, und die Vorräte an Bord waren so gut wie verbraucht. Über vierzig Besatzungsmitglieder der *Loyal Merchant* lagen bereits mit Skorbut in ihren Hängematten. Der Rest der Mannschaft war kaum noch in der Lage, die schwere Arbeit an Bord zu verrichten. Lowth mußte nun dringend eine Verpflegungsmöglichkeit finden.

Nur wenige Seemeilen weiter südlich befand sich die Stadt Mangalore, wo es ein kleines portugiesisches Fort gab. Am Morgen des

22. April gingen die beiden Schiffe in einer Flußmündung nahe dem Stützpunkt vor Anker, und der Kapitän schickte zwei Offiziere im Beiboot an Land, um Proviant zu besorgen. Obwohl sich die Handelsstation in einem erbärmlichen Zustand befand, konnten die Portugiesen wenigstens erst einmal mit Wasser aushelfen. Später mieteten die Engländer alle verfügbaren Boote an und begannen, die eilig bei den Indern gekauften Vorräte zu den Schiffen zu transportieren. In den folgenden Tagen luden sie rund dreißig Schweine, zweihundert Stück Geflügel und viel Gemüse. Für einen Seemann der *Loyal Merchant* kam die Verproviantierung allerdings zu spät. Er starb zwei Tage, nachdem die beiden Schiffe Indien erreicht hatten, am Skorbut.

Am Nachmittag des 26. April ließ sich der Vorsteher des portugiesischen Forts zusammen mit zwei Jesuiten zur *Loyal Merchant* bringen, um den Engländern einen Besuch abzustatten. Solche Treffen dienten in der Regel dem Austausch von Neuigkeiten aus Europa, aber in diesem Fall ging es den Portugiesen wohl eher um ein stattliches Gastgeschenk, das bei derartigen Gelegenheiten normalerweise überreicht wurde.[70] Ihre Gier wurde nicht enttäuscht.

Nachdem es an Land noch zu einem handfesten Disput über die Bezahlung der Vorräte gekommen war, setzten die *Loyal Merchant* und die *Margaret* am 30. April ihre Fahrt fort. Nun ging es entlang der Küste in Richtung Norden. Meist herrschte ein starker Gegenwind, so daß die Schiffe gezwungen waren, gegen die Brise zu kreuzen. Immer wieder mußten die Seeleute aufwendige Wendemanöver ausführen. Böe um Böe erkämpften sich die Mannschaften so ihren Weg. An manchen Tagen ergaben die Berechnungen des Navigators, daß die Schiffe trotz aller Anstrengungen sogar noch weiter nach Süden abgetrieben worden waren. In solchen Situationen blieb Lowth nichts mehr übrig, als die Anker werfen zu lassen, und die Männer mußten abwarten, bis der Sturm ein wenig nachließ.

Durch den ständigen Gegenwind verlängerte sich die Fahrt nach Bombay um Tage, vielleicht sogar Wochen. Schon bald neigten sich die Vorräte wieder dem Ende zu, und Lowth mußte sich nach einer weiteren Möglichkeit zur Verproviantierung umsehen. Wiederholt schickte er das Beiboot an Land, aber meistens kehrte es unverrichteter Dinge wieder zurück. Nur selten konnten die Seeleute bei den Indern ein paar Früchte oder Trockenfisch eintauschen. Mitte Mai stießen die Engländer dann auf ein Boot, dessen indische Besatzung ein wenig portugiesisch sprach. Nach einigen Verhandlungen brachten die Inder ein paar Schweine, Hühner und etwas Gemüse an Bord. Auch die Wasserfässer konnten wieder aufgefüllt werden. So ließ sich wenigstens die größte Not auf dem Schiff lindern.

28 Eine Ansicht der englischen Handelsniederlassung in Bombay aus dem Jahr 1754. Links das sogenannte Bombay Castle und rechts das Dongri Fort, in dem sich zur Jahrhundertwende das Gefängnis befand.

Am 1. Juni erreichte die *Loyal Merchant* Bombay. Seit 1662 besaß die East India Company hier eine Handelsniederlassung, die sich schon bald zum wichtigsten englischen Stützpunkt auf dem indischen Subkontinent entwickeln sollte. Die auf einer schmalen Landzunge am offenen Meer gelegenen Gebäude hatten bereits die Formen und Ausmaße einer kleinen Festung angenommen, und die etwa sechzig Bediensteten der Company in Bombay waren ständig damit beschäftigt, den indischen Händlern die begehrten Textilien und Gewürze abzukaufen. Bezahlt wurden die Waren mit Gold und Silber, das die alljährlich aus London kommenden Schiffe mitbrachten, um dann schwerbeladen mit den wertvollen Gütern des Ostens die etwa sechs bis acht Monate dauernde Rückfahrt anzutreten.[71]

In den letzten Jahren des 17. Jahrhunderts mußte die East India Company allerdings einige schwere Rückschläge hinnehmen. Eingeleitet wurde die Krisenzeit durch einen 1689 von den Engländern angezettelten Krieg gegen das bereits von allen Seiten bedrängte Mogul-Reich, in dem die Company ihre Stellung auf dem Subkontinent ausbauen wollte. Der Feldzug schlug jedoch fehl, und die Engländer mußten in einen schmachvollen Frieden einwilligen. Nach der Zahlung einer beträchtlichen Entschädigung durfte die Company ihren Handel zwar fortsetzen, in den folgenden Jahren wurde das Vorkriegsniveau aber nicht einmal mehr annähernd erreicht.

Auch aus der fernen Heimat gelangten beunruhigende Nachrichten nach Indien. Der bis 1697 anhaltende Krieg gegen Frankreich belastete in außerordentlichem Maße den Kapitalmarkt, auf den die Company besonders stark angewiesen war. Darüber hinaus formierte sich im Parlament, das die Handelsrechte alle zehn Jahre erneuern mußte, allmählich eine Opposition gegen das lukrative Monopol. 1693 erlangte die Company erst nach der Zahlung größerer Bestechungssummen ein neues Privileg, dieses galt allerdings nur für fünf Jahre. 1698 verlor die Company schließlich ihr Monopol. Gegen eine dringend benötigte Staatsanleihe in der Höhe von zwei Millionen Pfund erlangte ein Händlersyndikat eine Kommission für den Ostindienhandel, allerdings durfte auch die

Company ihren Handel fortsetzen. Zum ersten Mal in ihrer Geschichte hatte die East India Company eine Konkurrenz im eigenen Lande, und die Aussicht auf eine Erholung der Geschäfte ließ weiter auf sich warten.

Hinzu kamen die Piratenüberfälle. Zwar waren die Schiffe der Engländer relativ selten Opfer von Seeräubern, aber auch die Angriffe auf die Pilgerflotte zogen zunehmend Folgen für den vormals so einträglichen Handel nach sich. Bereits 1691 machten die Inder in Surat pauschal die Engländer für den Verlust eines ihrer Schiffe verantwortlich und forderten eine Kompensation. Der bedrängten Company gelang es noch einmal, die Schuld von sich zu weisen, in den folgenden Jahren geriet sie aber immer mehr unter Druck. Die mißtrauischen Inder hegten den Verdacht, daß sich die Eng-länder heimlich mit den Piraten gegen die einheimischen Händler verbündet hatten. Als die geplünderte *Ganj-i Sawai* im September 1695 in Surat einlief und Berichte über die Plünderungen und Vergewaltigungen die Runde machten, blockierten die aufgebrachten Inder monatelang die Faktorei der Engländer. Schließlich erließ der Großmogul Aurangzeb eine Verordnung, die alle europäischen Händler verpflichtete, für die Sicherheit der Pilgerflotte zu sorgen. Obwohl die Company kaum genügend Schiffe für den Transport ihrer Waren hatte, mußte sie ab 1697 schwerbewaffnete Fregatten zum Schutz der Pilger auf ihrer gefährlichen Fahrt zurück in die Heimat abstellen. Die Notwendigkeit, den Piraten endlich das Handwerk zu legen, war jetzt größer denn je.[72]

Nachdem die *Loyal Merchant* und die *Margaret* in der belebten Bucht von Bombay vor Anker gegangen waren, ließ sich Lowth im Beiboot an Land rudern, um den Vertretern der Company von seinem Fang zu berichten. Doch anstatt des erwarteten Lobes stieß der Kapitän nur auf eine kühle Zurückhaltung. Der von den Krisen arg gebeutelte Rat der Faktorei zeigte wenig Interesse daran, die Piraten im Gefängnis unterzubringen und zu verpflegen, bis sich Lowth mit ihnen auf den Rückweg nach England machen würde. Folglich untersagten sie, die Gefangenen an Land zu bringen, und so mußten Sievers und seine Gefährten weiter auf der *Loyal Merchant* warten.

Erst am 5. Juni, nachdem Lowth sich verpflichtet hatte, für alle Kosten aufzukommen, gaben die Verantwortlichen nach und erlaubten, die Piraten am Gefängnis abzuliefern. Die Mannschaft der *Margaret* mußte an Bord bleiben und Lowth auf seinem Abstecher nach Surat begleiten. Vorher verkaufte Lowth jedoch noch die Prise für umgerechnet fünfzehnhundert Pfund Sterling an einen englischen Kaufmann. Sievers und die anderen Piraten wurden derweil in einer kleinen Zelle im Dongri Fort eingesperrt. Selbst für die hartgesottenen Gemüter der Seeräuber dürfte der dunkle Raum, in dem sie eingekerkert waren, ein außerordentlich widerlicher Ort gewesen sein. Überall gab es Dreck, Gestank und Ungeziefer. Das Leben im Gefängnis war die Hölle.

Darüber hinaus ist besonders in der Monsunzeit von Anfang Juni bis gegen Ende September das Klima in Bombay kaum erträglich. Brütende Hitze und eine drückende Schwüle, die sich immer wieder in wolkenbruchartigen Regenfällen entläd, machen besonders den an solche Bedingungen kaum gewöhnten Europäern schwer zu schaffen. Es ist nicht weiter verwunderlich, daß hier heimtückische Tropenkrankheiten grassierten. Schon bald waren unter den in qualvoller Enge zusammengepferchten Piraten die ersten Opfer zu beklagen.

Irgendwann in der zweiten Hälfte des Jahres 1700 starb auch Sievers. Vermutlich wurde der Leichnam ohne Zeremonie in einem namenlosen Grab auf dem kleinen englischen Friedhof an der Südspitze der Halbinsel beigesetzt. Es sollte nicht der einzige bleiben. Als die *Loyal Merchant* einige Monate später nach Bombay zurückkehrte, waren nur noch fünfzehn der einundzwanzig Gefangenen am Leben.[73] Die Verhältnisse im Fort hatten ihren tödlichen Tribut gefordert. 1763 wurde der Friedhof im Zuge einer Erweiterung der Befestigungsanlagen zerstört. Seitdem zeugen nur noch zahlreiche Schriftstücke, die in verschiedenen Archiven verwahrt werden, von den turbulenten letzten Jahren im Leben von Richard Sievers.

Epilog

Der Kampf gegen die Piraterie

Die durch eine Verkettung unglücklicher Umstände schwer in Bedrängnis geratene East India Company mußte dringend etwas unternehmen, um den drohenden Ruin abzuwenden. So begann man gegen Ende 1696 eine großangelegte Kampagne gegen die Piraterie. Dazu wurden in Indien zunächst zahllose Aussagen, eidesstattliche Erklärungen und Vernehmungsprotokolle von gefangenen Seeräubern sowie deren überlebenden Opfern gesammelt und auf dem schnellsten Wege nach London geschickt. Mit diesen Informationen an der Hand drängte die im Lobbying sehr erfahrene Company Parlament und Krone, endlich wirksame Maßnahmen gegen die Piraterie in Angriff zu nehmen. Die von Anfang an geplante Entsendung von Kriegsschiffen in den Indischen Ozean verzögerte sich allerdings immer wieder, weil man sich nicht einigen konnte, wer die Kosten dafür zu tragen habe. Erst als im November 1698 deutlich wurde, daß William Kidd vom Piratenjäger selbst zum Piraten geworden war, wurde endlich ein Schwadron der Royal Navy für die Fahrt in den Osten ausgerüstet.

Zu dieser Zeit hatte die Bedrohung durch die Piraten jedoch schon ihren Höhepunkt überschritten. Anfang 1698 hatte der englische König mit Richard Coote, dem Earl of Bellomont, einen äußerst pflichtbewußten irischen Adeligen als Gouverneur nach New York geschickt. Seine Aufgabe bestand vor allem darin, den korrupten Sumpf, der unter seinem Vorgänger Benjamin Fletcher entstanden war, trockenzulegen. Einige der Vorwürfe gegen Fletcher bezogen sich dabei auf seine Beziehungen zu den Piraten. Nachdem Bellomont zahlreiche Informationen über die Seeräuber eingeholt hatte, ging er zu Werke, und innerhalb weniger Monate gelang es ihm, mit Hilfe umfassender Sondervollmachten den ungesetzlichen Verbindungen zu den Piraten einen Garaus zu machen.

Durch die strikte Kontrolle der Häfen gelangte seit dem Sommer 1698 kein Schiff mehr aus den amerikanischen Kolonien nach Madagaskar – mit einer bemerkenswerten Ausnahme: Im März 1699 war die von John Breholt kommandierte *Carlisle* von Charleston in die Karibik aufgebrochen. Das Ziel der Fahrt war ein zuvor an der Küste Kubas gestrandetes spanisches Schiff, in dem große Schätze vermutet wurden. Am Wrack angekommen mußte man jedoch enttäuscht feststellen, daß es bereits geplündert war. Da nun kein Geld für die Heuern vorhanden war, beschlossen die Männer, in den Indischen Ozean zu segeln und sich dort als Piraten zu verdingen. Bei einem Landgang auf Madeira verriet ein Besatzungsmitglied allerdings im Alkoholrausch den Plan, und der Kapitän wurde zusammen mit zwanzig seiner Seeleute festgenommen. Dem Rest der Mannschaft gelang es aber, unter Beschuß der Küstenartillerie auf ihrem Schiff zu entkommen, und angeführt von George Breholt, dem Bruder des alten Kapitäns, segelten sie nach Madagaskar.

Als die *Carlisle* im Februar 1701 gerade in der Bucht von Saint Augustin lag, um gekielholt zu werden, erschien plötzlich das englische Kriegsschiff *Lizard* am Horizont. Es gehörte zum Schwadron, das zwei Jahre zuvor zur Bekämpfung der Piraterie in den Indischen

Ozean geschickt worden war. Nachdem die Schiffe an der Küste des Mogul-Reiches einige Monate lang Flagge gezeigt hatten, um den von den Indern geforderten Schutz der Schiffahrt einzulösen, sollten sie nun die amnestierten Seeräuber an Bord nehmen. Weil die überraschte Besatzung der *Carlisle* aber nicht daran dachte, sich den Engländern zu ergeben, steckte sie ihr Schiff kurzerhand in Brand und suchte das Weite. Einige von ihnen wurden später gefaßt, die meisten verschwanden jedoch in den undurchdringlichen Steppen und Wäldern der Insel.[74]

Den Piraten, die seit dem Amtsantritt von Bellomont mit ihren prall gefüllten Truhen und Säcken von Madagaskar nach Amerika zurückkehrten, erging es nicht viel besser. Nur wenige von ihnen konnten sich der Festnahme entziehen. Hin und wieder kam es sogar zu regelrechten Treibjagden auf Seeräuber, die irgendwo in einer einsamen Bucht an Land gegangen waren. Da gefangene Piraten nach einem seit 1536 geltenden Statut nur in England verurteilt werden durften, wurden die Verdächtigen in den Kolonien zunächst nur verhört und dann auf dem nächsten Schiff nach London gebracht. Dort füllte sich das zuständige Marshalsea-Gefängnis langsam mit den Männern, die Monate zuvor im Indischen Ozean noch Angst und Schrecken verbreitet hatten.

Wenn die gefangenen Seeräuber nun aber befürchteten, daß ihnen gleich nach ihrer Überstellung ein kurzer Prozeß gemacht würde, hatten sie sich getäuscht. Nach heutigen Maßstäben war England zwar noch kein Rechtsstaat, doch es hatte sich bereits ein umfassendes Strafrecht herausgebildet, das für die Verhängung eines Todesurteils – und das war seit jeher die Strafe für Piraten – mindestens zwei glaubwürdige Zeugen verlangte. Was bei der Bekämpfung der Straßenkriminalität in London kaum Probleme bereitete, erwies sich für die Verurteilung von Piraten jedoch als schwierig. Seeleute, die als Belastungszeugen in einem Prozeß auftreten konnten, verbrachten oft nur kurze Zeit in den Hafenstädten, dann heuerten sie wieder auf einem Schiff an und standen dem Gericht nicht mehr zur Verfügung.

Da es der betroffenen East India Company vor allem darauf ankam, den Indern zu zeigen, daß sie nicht mit den Piraten unter einer Decke steckte, konzentrierte sich die Justiz auf einige wenige aufsehenerregende Fälle. Die beste Gelegenheit hätte eine Ergreifung von Every geboten, aber der wurde trotz einer Belohnung von fünfhundert Pfund Sterling nie gefaßt. Der nächste Kandidat war Kidd. Schon kurz nach seiner Ankunft in Amerika im April 1699 wurde er von Bellomonts Miliz festgenommen und nach England transportiert. Hier angekommen blieb ihm die bittere Erkenntnis nicht erspart, daß sich die Hintermänner seines Kaperunternehmens inzwischen von ihm losgesagt hatten. Nach einer Anhörung vor dem House of Commons, in der er sich weigerte, seine politischen Verbindungen offenzulegen, folgte der Prozeß. Am 8. und 9. Mai 1701 wurde gegen ihn wegen Mordes und insgesamt fünf Akten der Piraterie verhandelt. Kidd hatte keine Chance. Ein Kaperbrief, der bewies, daß es sich bei der *Quedah* um eine rechtmäßige Beute gehandelt hatte, verschwand in den Akten, und zwei ehemalige Besatzungsmitglieder der *Adventure*, die selbst auf eine Begnadigung hofften, belasteten ihn schwer. Schließlich wurde Kidd in allen Anklagepunkten für schuldig befunden. Der Vollstreckung des gewünschten Urteils stand nichts mehr im Wege.

Kidds Hinrichtung am 23. Mai sollte den Höhepunkt des Kampfes gegen die Piraterie markieren. Doch zunächst einmal riß der Strick, und ein zweiter Anlauf war nötig. Nachdem der Henker endlich sein Werk verrichtet hatte, wurde der Leichnam mit Teer bestrichen, in einen Harnisch aus Metall gesteckt und an einem eigens für diesen Zweck errichteten Schaugalgen am Themseufer

29 Dieser Kupferstich aus dem frühen 18. Jahrhundert zeigt einen Piraten kurz vor seiner Hinrichtung am Execution Dock in Wapping bei London. Der Kaplan hört sich noch die letzten Worte des Verurteilten an. Am linken Bildrand auf dem Pferd sitzt ein Marschall, der einen versilberten Riemen als Symbol der englischen Herrschaft über die Weltmeere hält.

aufgehängt. Er sollte den anderen Seefahrern als abschreckende Warnung noch einen letzten Dienst erweisen. Als die *Loyal Merchant* am 13. August 1701 nach einer strapaziösen Fahrt die Themse hinaufsegelte, dürften ihn seine ehemaligen Bekannten und Freunde unter den Gefangenen kaum wiedererkannt haben. Vielleicht ist ihnen aber zumindest ein kleiner Schauder über den Rücken gelaufen.

Schon wenige Tage nach der Ankunft in London wurden die fünfzehn überlebenden Seeräuber in das Marshalsea-Gefängnis überführt und in den folgenden Wochen wiederholt verhört. Dabei erfuhren sie auch, daß die Amnestie von 1698 wegen eines Formfehlers nicht anerkannt wurde. Während neun von ihnen frühzeitig freigelassen wurden, mußten die übrigen monatelang im Gefängnis auf ihre Verhandlung warten. Die Mühlen der Justiz mahlten langsam. Erst am 29. Juni 1702 fand im Gerichtshaus Old Bailey in London der Prozeß gegen die verbliebenen sechs Piraten statt. Fünf von ihnen bekannten sich von vornherein schuldig, wobei sie wahrscheinlich hofften, so eher begnadigt zu werden. Nach geltendem Recht wurde gegen sie damit nicht weiter verhandelt. So stand schließlich nur noch Joseph Wheeler vor Gericht. Allem Anschein nach waren die belastenden Aussagen aber nicht sehr überzeugend, denn am Ende des Prozesses sprachen ihn die Geschworenen mangels Beweisen frei. Am 21. August wurden dann auch die anderen fünf Piraten von Königin Anne endgültig begnadigt.[75]

Dem Galgen noch einmal knapp entronnen, dürften die meisten ehemaligen Seeräuber so schnell wie möglich London verlassen haben. Für Männer von ihrem Schlage gab es eigentlich nur einen Weg: Sie fuhren wieder zur See. So verlieren sich die Spuren vieler Piraten auf den Weltmeeren, irgendwo zwischen England, den amerikanischen Kolonien und Madagaskar. Sicherlich bot auch die Royal Navy nach dem Eintritt in den Spanischen Erbfolgekrieg im Sommer 1702 einigen von ihnen eine neue Bewährungsprobe.

Während sich zahlreiche überlebende Seeräuber wieder für eine kümmerliche Heuer auf den Schiffen ihrer Majestät verdingten, wurde das Thema der Madagaskar-Piraten in London immer noch diskutiert. Angesichts einer immensen Kriegsschuld, die den englischen Haushalt belastete, präsentierten einige Mitglieder des House of Lords, angeführt von einem gewissen Marquis of Carmarthen, 1707 einen phantastischen Plan: Sie wollten alle Piraten amnestieren und nach England holen, wenn diese dafür ihre vermeintlichen Reichtümer mit dem Staat teilen würden. Zu den prominenten Unterstützern gehörte auch der Schriftsteller Daniel Defoe, der in glühenden Worten die Vorteile eines solchen Handels pries. Bei einer genauen Überprüfung durch die Behörden stellte sich dann aber heraus, daß hinter der ganzen Angelegenheit ausgerechnet John Breholt steckte, der nach seiner Festnahme auf Madeira einige Zeit im Gefängnis von Lissabon verbracht hatte. Später war er nach London gelangt und hatte dort versucht, Geldgeber für eine weitere Expedition zum bereits geplünderten Schatzschiff zu finden. Der Betrug war jedoch aufgeflogen, und Breholt hatte für eine Zeitlang nach Schottland fliehen müssen, bevor er mit dem Plan der Amnestierung in England wieder in Erscheinung trat.[76] Vermutlich hatte er ein leichtes Spiel, zahlreiche Unterstützer zu finden, denn die verlockende Vorstellung von unermeßlichen Schätzen hat die Menschen schon immer in ihren Bann gezogen.

In Wirklichkeit war das Zeitalter der Madagaskar-Piraten längst vorüber. Hin und wieder gelang es zwar noch einigen versprengten Seeräubern, unter spektakulären Umständen ein Schiff zu kapern, aber eine regelrechte Piratenherrschaft kam zumindest in diesem Teil der Welt nie wieder zustande. Als im November 1703 die englische Fregatte *Scarborough* vor Sainte Marie kreuzte, lebten im einstigen Stützpunkt der Seeräuber nur noch wenige Personen. Einige von ihnen, darunter auch ein paar überlebende Besatzungsmitglieder der *Pelican*, begaben sich freiwillig in die Obhut der Engländer, andere wurden gefangengenommen, bevor sie die Flucht ergreifen konnten. Im Dezember 1710 legte Woodes Rogers bei einer Weltumsegelung einen Zwischenstopp am Kap der Guten Hoffnung ein, wo er zwei ehemalige Piraten traf. Sie berichteten ihm, daß von den Seeräubern in Sainte Marie nur noch einige wenige zerlumpte Gestalten übrig seien, von denen die meisten sogar ein erbärmlicheres Leben als die Eingeborenen führen würden.[77] Die Insel geriet bald in Vergessenheit, und es sollte noch fast zwei Jahrhunderte dauern, bis schließlich die Franzosen als Kolonialmacht auf Madagaskar Fuß faßten.

Unterdessen warteten zahlreiche Eltern, Ehefrauen und auch Kinder vergeblich auf die Rückkehr ihrer Söhne, Männer und Väter, die einst ausgezogen waren, um ihr armseliges Los mit den Reichtümern des Ostens zu verbessern. Jahr um Jahr verging, und die Hoffnungen schwanden, aber die Ungewißheit blieb. Noch 1708 schickten achtundvierzig verzweifelte Frauen von mutmaßlichen Piraten, die sie auf Madagaskar wähnten, eine Petition an Königin Anne, in der sie um eine bedingungslose Amnestie für alle Seeräuber im Indischen Ozean baten.[78] Sie hatten keinen Erfolg, und so werden die Schicksale der vermißten Männer für immer unbekannt bleiben. Man kann davon ausgehen, daß sich unzählige persönliche Tragödien hinter der langen Liste von Namen verbergen. Von den etwa fünfzehnhundert Seeleuten, die einst im Indischen Ozean ihr Glück gesucht hatten, waren nur wenige fündig geworden. Den meisten war die Jagd nach dem legendären Mohrengold zum Verhängnis geworden. Anstatt reicher Beute blieb ihnen nur der Tod, Leid und Unglück. Mit den althergebrachten romantischen Vorstellungen vom Piratenleben haben solche Unternehmen wahrlich nie etwas zu tun gehabt.

Abkürzungen

Add. Ms.	Additional Manuscript
Adm.	Admiralty
ARA	Algemeen Rijksarchief, Den Haag
BL	The British Library, London
CO	Colonial Office
HCA	High Court of Admiralty
NMM	The National Maritime Museum, London
OIOC	The British Library, Oriental and India Office Collections, London
PRO	Public Record Office, London
VOC	Verenigde Oost-Indische Compagnie

Anmerkungen

Alle Datierungen der englischen Quellen erfolgen nach dem Julianischen Kalender, der bis 1752 in Großbritannien verwendet wurde. Lediglich der Jahresanfang wird entgegen der damaligen Konvention vom 25. März auf den 1. Januar verlegt. Auch im Text wird ausschließlich auf diese Datierungen zurückgegriffen. Bis Ende Februar 1700 lag der Julianische Kalender zehn, danach elf Tage hinter dem heute gebräuchlichen Gregorianischen Kalender.

1 Fletcher wurde später wegen verschiedener Unregelmäßigkeiten im Amt, unter anderem aufgrund seiner Verbindungen zu Piraten, entlassen. Seine Erinnerungen an Tew sind aus einem Rechtfertigungsschreiben an das für die Verwaltung der Kolonien zuständige Board of Trade and Plantations vom 24. Dezember 1698, CO 5/1041, Fol. 401-402, PRO.

2 Erst am 19. November 1702 wurden die Anteilseigner und einige andere Zeugen von den kolonialen Behörden der Bermudainseln über die Fahrt der *Amity* befragt. Die Verhörprotokolle befinden sich in CO 37/5, Fol. 113-118, PRO.

3 Der Gerichtsschreiber Nathaniel Coddington fertigte am 12. September 1699 einen ausführlichen Bericht über die Umstände, unter denen die Kaperschiffe in Newport ausgerüstet wurden, an. Siehe CO 5/1259, Fol. 205-206, PRO. Ein Vertrag über eine Pfandabmachung befindet sich in HCA 1/98, Fol. 74, PRO.

4 In den nicht vollständig erhaltenen Kirchenbüchern im Staatsarchiv Hamburg aus der fraglichen Zeit ist die Geburt eines Richard Sievers nicht verzeichnet. Die einzige biographische Informationsquelle ist daher seine eidesstattliche Erklärung vom 19. Dezember 1699 in HCA 1/98, Fol. 11, PRO.

5 Eine Abschrift der von Sievers unterzeichneten Zollerklärung befindet sich in CO 5/1258, Fol. 167, PRO.

6 Eine Kopie des Kapervertrages der *Portsmouth Adventure* ist leider nicht überliefert. Dafür befinden sich in den Archiven verschiedene andere, die alle in einem ähnlichen Wortlaut verfaßt waren. Siehe etwa den Vertrag von Tews *Amity* in CO 37/2, Fol. 172-174, PRO, oder William Kidds *Adventure*, Add. Ms. 70036, Fol. 134-136, BL.

7 Eine Aufstellung der verschiedenen Positionen auf dem Kaperschiff *John and Rebecca* befindet sich in CO 323/2, Fol. 237, PRO. Zur Aufgabenverteilung an Bord siehe John Smith, *The Sea-Mans Grammar and Dictionary* [...]. London 1691, S. 34-35.

8 Eine vorzügliche Quelle zum Verständnis der damaligen Navigationstechnik ist das mit zahlreichen Skizzen und Zeichnungen versehene Logbuch von Francis Stanes, dem Navigator der *Rochester*, Add. Ms. 3145, BL. Das Schiff machte sich im Mai 1703 auf den Weg nach Maskat und kehrte erst im Juni 1705 nach England zurück.

9 Verschiedene zeitgenössische Beschreibungen der Kapverden sind zusammengefaßt in Herman Moll, *Atlas Geographus: Or, a Compleat System of Geography, (Ancient and Modern) for Africa* [...]. London 1714, Bd. 4, S. 712-728.

10 Eine Schilderung einer solchen Äquatortaufe befindet sich in Robert Challe, *Journal d'un voyage fait aux Indes orientales* [...]. Den Haag 1721, Bd. 1, S. 336-345.

11 Zu gelegentlichen Gewaltausbrüchen auf Kaperschiffen siehe das Verhör von Edward Baker und John Stivey, 7. Dezember 1696, E/3/52, Nr. 6321, OIOC, und die eidesstattliche Erklärung von Francis Tippett, 17. November 1699, CO 323/3, Fol. 112, PRO.

12 Die Beschreibung der Skorbutleiden ist angelehnt an die besonders anschauliche Darstellung von Jean Mocquet, *Voyages en Afrique, Asie, Indes orientales, & occidentales* [...]. Rouen 1665, S. 220-223.

13 Eine ausführliche zeitgenössische Beschreibung der Küstenregionen von Madagaskar und ihrer Bewohner befindet sich in Gabriel Dellon, *Relation d'un voyage des Indes orientales* [...]. Paris 1685, Bd. 1, S. 28-72.

14 Einige Besatzungsmitglieder der *Portsmouth Adventure* gelangten später wieder nach Nordamerika, wo sie von den Behörden über ihre Erlebnisse im

Indischen Ozean befragt wurden. Siehe die eidesstattliche Erklärung von Richard Cornish, 19. Oktober 1699, CO 5/1259, Fol. 198, PRO, und das Verhör von Turleigh Sullivan, 30. Mai 1700, CO 5/1044, Fol. 36-37, PRO. Eine Anklage wegen Piraterie wurde gegen die Seeleute aber nicht erhoben.

15 Zwei der festgenommenen Besatzungsmitglieder der *Fancy* sagten als Zeugen der Anklage gegen die übrigen sechs aus. Siehe die eidesstattlichen Erklärungen von John Dann, 3. August 1696, CO 323/2, Fol. 116-119, PRO, und von Philip Middleton, 4. August 1696, CO 323/2, Fol. 114-115, PRO. Der erst vierzehnjährige Philip Middleton hatte guten Grund, seine Kameraden zu belasten, denn die hatten ihn auf der Fahrt in die Karibik betrunken gemacht und dann seiner ganzen Beute beraubt. Die Abschrift des Gerichtsprotokolls erschien als *The Tryals of Joseph Dawson, Edward Forseith, William May, William Bishop, James Lewis, and John Sparkes for several Piracies and Robberies by them committed, in the Company of Every the Grand Pirate* [...]. London 1696. Für fünf Angeklagte lautete das Urteil Tod durch den Strang, nur der Quartiermeister Joseph Dawson entging dem Galgen. Eine Beschreibung der Hinrichtung der fünf Verurteilten mit ihren letzten Geständnissen wurde als *An Account of the Behaviour, Dying Speeches, and Execution of William May, John Sparcks, William Bishop, James Lewis, and Adam Foresith, for Robbery, Piracy and Felony at the Execution Dock on Wednesday the 25th of November, 1696*. London 1696, veröffentlicht.

16 Auf der *Resolution* befanden sich auch zwei Jungen, von denen einer von der Besatzung in Boston entführt worden war und fortan den Seeleuten bei der Arbeit zur Hand gehen mußte. Er konnte sich später von den Piraten absetzen und gelangte auf einem Sklavenschiff nach Saint Helena, wo er sich den englischen Behörden stellte. Siehe das Verhör von Samuel Perkins, 25. August 1698, CO 323/2, Fol. 388-391, PRO. Diese ungewöhnlich detaillierte Aussage bildet im wesentlichen das Gerüst für die Darstellung der Ereignisse auf der *Resolution* bis Juni 1697.

17 Informationen über Sokotra in der fraglichen Zeit sind spärlich. Ein Bericht aus zweiter Hand ist in John Ovington, *A Voyage to Suratt, in the Year 1689* [...]. London 1696, S. 450-451, zu finden.

18 Die Erlebnisse eines der entführten englischen Offiziere sind nachzulesen in der Erzählung von Henry Watson, 14. Februar 1698, E/3/52, Nr. 6309,

OIOC. Der Navigator wurde später am Persischen Golf freigelassen. Zur Geschichte der *John and Rebecca* siehe auch das Verhör von John Barrett, 28. August 1701, HCA 1/53, Fol. 102-103, PRO.

19 Die Abschrift einer Beschwerde der beraubten Araber an die East India Company vom 29. Oktober 1696 befindet sich in G/3/12, S. 181-182, OIOC. Als Vergeltung für den Überfall ließ der Imam von Maskat einige Besatzungsmitglieder des englischen Ostindienschiffes *London* gefangennehmen und zwang sie, den Arabern im Krieg gegen die Portugiesen zu helfen.

20 Die berühmt-berüchtigten schwarzen Flaggen kamen erst im frühen 18. Jahrhundert auf. Im ausgehenden 17. Jahrhundert hatten sich die blutroten Farben zu einem so weitverbreiteten Symbol des Schreckens entwickelt, daß ein indisches Handelsschiff, das unter einer roten Flagge segelte, von einer englischen Fregatte fälschlicherweise für ein Piratenschiff gehalten und beschossen wurde. Siehe hierzu den Bericht von Richard White vom 24. Februar 1700 in E/3/60, Nr. 7463, OIOC.

21 Eine Abschrift des Schriftwechsels zwischen Sievers und den Engländern befindet sich in E/3/52, Nr. 6317, OIOC.

22 Eine detaillierte tagebuchartige Aufzeichnung der Vertreter der East India Company über die Ereignisse vor und in Calicut befindet sich in E/3/52, Nr. 6318, OIOC.

23 Zur Meuterei auf der *Resolution* siehe die Information von Henry Neguss, 8. Juni 1696, E/3/52, Nr. 6230, OIOC, und die Information von Thomas Vaughn, 14. Juni 1700, HCA 1/53, Fol. 73-74, PRO. Zum Zusammentreffen der *Amity* und der *Charming Mary* siehe das Verhör von John Ireland, 26. Mai 1701, HCA 1/53, Fol. 88-90, PRO. Diese Anhäufung von Piratenschiffen vor dem Kap bereitete der East India Company einige Sorgen, so daß jede auch nur so nebensächliche Information über die Seeräuber gleich nach Bombay weitergeleitet wurde. Zahlreiche Berichte befinden sich im eingegangenen Schriftverkehr der Faktorei, G/3/25, S. 20-47, OIOC. Einige dieser Beobachtungen stammten von den Indern, die den Piraten Proviant verkauft hatten.

24 Die Akten AsK 1232a, AsK 1232b und AsK 1267 aus dem Rigsarkivet in Kopenhagen, die vermutlich über diesen Sachverhalt näheren Aufschluß geben, sind leider in einem derart schlechten Zustand, daß sie nicht mehr ausgewertet werden können. Die Darstellungen beziehen sich deswegen auf

einen englischen Bericht aus zweiter Hand vom 13. Februar 1697, der sich in G/3/25, S. 43-47, OIOC, befindet.

25 Am 8. August 1697 schickte der Gouverneur von Mauritius einen ausführlichen Bericht über die Ereignisse der vorangegangenen Monate an die Kapkolonie. Eine zeitgenössische Kopie dieses Briefes befindet sich in den Akten des Council of Policy, C 361, S. 213, im Cape Archives Depot in Cape Town. Nur zwei Jahre vor den Piraten waren einige französische Schiffbrüchige an der gleichen Stelle gelandet. Ihre Eindrücke sind nachzulesen in François Leguat, *Voyages et aventures de François Leguat et ses compagnons*. Amsterdam 1708, Bd. 2, S. 9-11.

26 Die Beschreibung ist angelehnt an die Aufzeichnung vom 29. Dezember 1714 im Tagebuch des Abenteurers John Fontaine, das sich in der Bibliothek der Colonial Williamsburg Foundation in Virginia befindet. In den Aussagen einiger Besatzungsmitglieder der *Resolution* wird der Verlust der Masten im Sturm nur erwähnt, aber nicht näher beschrieben.

27 In den letzten Jahren des 17. Jahrhunderts sammelten die Behörden in England jede Information über die Piraten auf Sainte Marie, derer sie habhaft werden konnten. Mehrere Sklavenhändler und auch einige von den Piraten entführte Seeleute lieferten ausführliche Beschreibungen des Stützpunktes. Siehe etwa die Erzählung von Henry Watson, 14. Februar 1698, CO 323/2, Fol. 237-238, PRO, die eidesstattliche Erklärung von Samuel Perkins, 25. August 1698, CO 323/2, Fol. 388-391, PRO, oder den Bericht eines namentlich nicht genannten Laskars, 15. Dezember 1696, E/3/52, Nr. 6325, OIOC. Natürlich wurde die Größe der Befestigung in einigen mündlichen Überlieferungen maßlos übertrieben. So hieß es in einer auf dem Hörensagen beruhenden Darstellung, die Piraten hätten ein regelrechtes Fort mit vierzig bis fünfzig Geschützen, fünfzehnhundert Männern und siebzehn Schiffen. Siehe hierzu den Bericht von Thomas Warren vom 28. November 1697, CO 323/2, Fol. 218, PRO.

28 Adam Baldridge setzte sich später nach New York ab und wurde vermutlich von der Kolonialbehörde unter Druck gesetzt, damit er ihr eine ausführliche Aufstellung aller Schiffe, die in den vorangegangenen Jahren Sainte Marie angelaufen hatten, lieferte. Siehe seine eidesstattliche Erklärung vom 5. Mai 1699 in CO 5/1042, Fol. 212-214, PRO. Ein Brief,

den der New Yorker Großhändler Frederick Philipse am 24. Dezember 1695 auf einem seiner Schiffe nach Madagaskar schickte, gibt weitere Hinweise auf die vielfältigen Aktivitäten Baldridges. Siehe HCA 1/98, Fol. 66-67, PRO.

29 Zum Verkauf der Waren von den Handelsschiffen siehe die eidesstattliche Erklärung von Richard Want, 15. Januar 1702, in den unpaginierten Akten des Court of Delegates 2/62, PRO.

30 Die Schilderung des Duells beruht auf der eidesstattlichen Erklärung von Samuel Perkins, 25. August 1698, CO 323/2, Fol. 388-391, PRO. Zum exzessiven Lebensstil der Piraten auf Sainte Marie siehe auch die Information des Sklavenhändlers John Finlinson, 17. Februar 1698, CO 391/10, Fol. 216-217, PRO.

31 Die Reichtümer sollten Munday allerdings nicht viel Glück bringen. Als er später nach Newport in Rhode Island kam, wurde er festgenommen und seine Wertsachen beschlagnahmt. Gegen ihn und einen anderen Seemann wurde ein Verfahren wegen ungesetzlicher Verbindungen zu den Piraten eröffnet. Bevor es jedoch zur Verkündung des Urteils kam, konnte Munday fliehen. Auch seine Beute verschwand wenig später unter ungeklärten Umständen. Die Gerichtsaufzeichnungen vom 6. und 7. Mai 1698 sind in CO 5/1258, Fol. 172-174, PRO. Es deutet einiges darauf hin, daß es im ganzen Verfahren nur darum ging, Munday sein beträchtliches Vermögen abzujagen.

32 Zum Schicksal der *Amity* siehe die Information von William Fullerton, 18. Februar 1698, CO 391/10, Fol. 217, PRO, und das Verhör von John Ireland, 26. Mai 1701, HCA 1/53, Fol. 88-90, PRO.

33 Siehe die Information von John Blacon, 9. August 1698, CO 391/11, Fol. 85-86, PRO. Blacon wurde im Juni 1696 vom Ostindienschiff *Mary* versehentlich bei einem Landgang auf Madagaskar zurückgelassen. Er gelangte später nach Sainte Marie, wo er beobachten konnte, wie die *Soldado* von ihrer Besatzung für den Raubzug ausgerüstet wurde. Als er schließlich London erreichte, machte er bereitwillig eine Aussage über seine Erlebnisse bei den Seeräubern.

34 Eine zeitgenössische Beschreibung der Nikobaren und ihrer Bewohner enthält William Dampier, *A New Voyage Round the World* [...]. London 1697, S. 476-481. Dampier war in verschiedenen Lebensabschnitten Aben-

teurer, Entdecker und auch Seeräuber, vor allem aber ein ausgezeichneter Reiseschriftsteller, dessen Werke in England um die Jahrhundertwende viel Beachtung fanden.

35 Einige Besatzungsmitglieder der *Soldado* gelangten später nach England, wo sie über ihre Erlebnisse im Indischen Ozean verhört wurden. Eine ungewöhnlich detaillierte Aussage über die Verhältnisse auf dem Schiff von September 1697 bis Dezember 1698 stammt von John Barrett. Siehe den Bericht vom 28. August 1701 in HCA 1/53, Fol. 102-103, PRO.

36 Ein Bericht des Kapitäns der *Sedgewick* vom 7. April 1698 befindet sich in G/19/24, Fol. 82-83, OIOC. Hätte Sievers die Papiere des Schiffes geprüft, so wären ihm einige Warnungen der East India Company vor Piraten in die Hände gefallen, die Lockyer Watts von Hafen zu Hafen transportierte.

37 Die Beschreibung von Saint Augustin basiert auf John Thornton, *The English Pilot: The Third Book, Describing the Sea Coasts, Capes, Head Lands, Straits, Islands, Bays* [...]. London 1703, S. 21.

38 Einer der gestrandeten Seeleute gelangte später auf einem Handelsschiff nach London. Als er bei einem Besuch im Gefängnis zufällig einige Besatzungsmitglieder der *Soldado* wiedererkannte, die ihm damals – wie er mehrfach betonte – das Leben gerettet hatten, machte er eine ausführliche Aussage über seine Erlebnisse. Siehe das Verhör von John Brent, 21. Mai 1701, HCA 1/53, Fol. 83-84, PRO.

39 Kapitän William Willock von der *Satisfaction* war elf Monate lang als Gefangener auf Cullifords *Resolution*. Sein ausführlicher Bericht vom 5. Januar 1697 befindet sich in E/3/53, Nr. 6484, OIOC. Siehe aber auch die Information von John Hales, 24. August 1700, HCA 1/53, Fol. 75, PRO, und die eidesstattliche Erklärung von Joseph Palmer, 26. April 1701, HCA 1/15, Nr. 7, PRO.

40 Siehe das Logbuch der *Chambers*, L/MAR/A/103, Fol. 27, OIOC. In diesem Dokument befinden sich auch tägliche Wetterbeobachtungen.

41 Mehrere Besatzungsmitglieder der *Pelican* hinterließen eine Aussage über ihre Fahrt in den Indischen Ozean. Siehe etwa das Geständnis von John Watson, 28. Oktober 1698, E/3/54, Nr. 6579, OIOC. Watson war auf der Suche einer Wasserstelle von den Indern gefangengenommen und wenig später an die East India Company ausgeliefert worden. Bereits

geschwächt von der Ruhr, legte er ein umfassendes Geständnis ab. Nur wenige Tage, nachdem er die Aussage gemacht hatte, starb Watson. Siehe aber auch das Verhör von Thomas Bagley, 27. August 1701, HCA 1/53, Fol. 96-97, PRO.

42 Zahlreiche Piraten beschrieben später den Überfall auf die *Mohammed*. Siehe etwa die eidesstattliche Erklärung von Theophilus Turner, 8. Juni 1699, CO 5/714, Fol. 376, PRO, die Information von Robert Bradinham, 25. April 1701, HCA 1/15, Nr. 7, PRO, und die Information von John Browne, 18. Juni 1702, HCA 1/16, Nr. 1, PRO. Berichte, die auf den Schilderungen der Opfer beruhen, finden sich in H/36, S. 434-435, OIOC, und in VOC 1625, S. 23, ARA. Auch bei Charles Johnson, *The History of the Pyrates* [...]. London 1728, Bd. 2, S. 382-383, befindet sich eine Beschreibung des Angriffs auf die *Mohammed*, die sich mit den Aussagen Beteiligter weitgehend deckt. Dem Autor war allerdings entgangen, daß sich der Überfall nicht am Bab el-Mandeb, sondern vor der Küste Indiens ereignete.

43 Eine genaue Aufstellung der erbeuteten Reichtümer befindet sich in der Information von Robert Culliford, 17. Juni 1702, HCA 1/16, Nr. 2, PRO. Culliford war bereits für seine Beteiligung am Überfall auf die *Mohammed* amnestiert worden, als er diese Aussage machte.

44 Einige spärliche Informationen über die portugiesischen Verluste befinden sich in einem Bericht des Vizekönigs von Goa vom 2. Januar 1699. Siehe das Pombal Ms. 439, Fol. 249, im Arquivos Nacionais, Torre do Tombo, Lissabon. Die ausführlichste Beschreibung des Überfalls enthält die eidesstattliche Erklärung von Joseph Palmer, 26. April 1701, HCA 1/15, Nr. 7, PRO.

45 Die East India Company schickte später einige Berichte über diesen Zwischenfall nach London. Die Darstellungen stützen sich dabei auf die Aussagen von John Harvey. Siehe die Berichte vom 15. November 1698, E/3/54, Nr. 6581, OIOC, und vom 13. Dezember 1698 in H/36, S. 436, OIOC. Die Schriftstücke beinhalten auch verschiedene Informationen über das Leben auf der *Soldado*, die Sievers im Gespräch mit Harvey preisgab.

46 Zur Verfolgung der *Mary* siehe den Bericht der East India Company vom 10. Januar 1699, H/36, S. 456-457, OIOC.

47 Eine bemerkenswerte Darstellung der Fahrt von Kidd mit seinen politischen Verbindungen findet sich in Robert C. Ritchie, *Captain Kidd and the War against the Pirates*. Cambridge, Mass. 1986.

48 1698 kehrte das niederländische Sklavenschiff *Ridderschap* von einer Fahrt über den Indischen Ozean nicht mehr an das Kap der Guten Hoffnung zurück. Natürlich gerieten die Piraten gleich in Verdacht, das Schiff aufgebracht zu haben. Im Mai 1699 schickten die Holländer die Fregatte *Tamboer* nach Madagaskar, um nach dem verschollenen Schiff zu suchen. Der Kapitän Jan Coin schrieb am 20. November 1699 einen ausführlichen Bericht über seine Fahrt entlang der Küste Madagaskars, bei der er auch den Piratenstützpunkt besuchte. Das Dokument befindet sich in VOC 4043, Fol. 820-824, ARA.

49 Zu den Alkoholpreisen siehe den Bericht von Lord Bellomont, dem Gouverneur von New York, in CO 5/1042, Fol. 254-256, PRO, und eine Auflistung der Verkaufserlöse in HCA 1/98, Fol. 142, PRO.

50 Samuel Burgess hinterließ eine Vielzahl von Aussagen über seine Karriere als Seeräuber und Piratenhändler. Siehe etwa die eidesstattliche Erklärung vom 3. Mai 1698, CO 5/1040, Fol. 130-131, PRO, oder das Verhör vom 28. August 1701, HCA 1/53, Fol. 109-111, PRO. Eine ausführliche Auflistung der Ladung der *Margaret* befindet sich in HCA 1/98, Fol. 136-137, PRO. Zum Verkauf des Alkohols an die Piraten siehe das Verhör von Robert Culliford, 2. Oktober 1701, Adm. 1/3666, Fol. 255-256, PRO.

51 Eine besonders detaillierte Schilderung des Lebens der Piraten ist in der eidesstattlichen Erklärung von Theophilus Turner, 8. Juni 1699, CO 5/714, Fol. 377, PRO. Turner befand sich ursprünglich auf dem französischen Schiff, das von Cullifords *Resolution* im Mai 1698 vor den Komoren aufgebracht wurde. Er schloß sich den Piraten an und nahm auch am Überfall auf die *Mohammed* teil. Später setzte er sich von Sainte Marie auf einem Handelsschiff nach Amerika ab. Dort stellte er sich den Behörden und lieferte ihnen offenbar bereitwillig die gewünschten Informationen. Die Maßnahmen zur Verteidigung der Piratenbucht werden in der eidesstattlichen Erklärung von Francisco Domingo, dem Böttcher der *Margaret*, vom 20. Dezember 1699 in HCA 1/98, Fol. 24-25, PRO, beschrieben.

52 Der Londoner Großhändler Thomas Bowrey schrieb später, daß es sich bei den madegassischen Frauen der Piraten eher um Huren gehandelt habe. Bowrey, der selbst mehrfach nach Madagaskar gefahren war, um Sklaven

nach Amerika zu verschiffen, bereitete 1708 ein Buch über die Insel vor, das allerdings niemals veröffentlicht wurde. Verschiedene Fassungen des Textes befinden sich im Bowrey Ms. M 3041/3, Nr. 1, in der Guildhall Library, London.

53 Zur Geschichte der *Prophet Daniel* und seiner Besatzung siehe das Verhör von Henry Apple, 10. Mai 1701, Adm. 1/1462, Fol. 253-255, PRO, und das Verhör von Stephen Smith, 28. August 1701, HCA 1/53, Fol. 101-102, PRO.

54 Die genannten Schriftstücke befinden sich in HCA 1/98, Fol. 90-175, PRO.

55 Zur Fahrt der *Frederick* siehe das Verhör ihres Kapitäns Humphrey Perkins vom 6. September 1698 in CO 5/1040, Fol. 305-307, PRO. Als das Schiff in Hamburg einlief, erkannte der englische Agent Paul Rycaut den offensichtlichen Verstoß gegen die restriktiven Handelsgesetze des Königreiches, die nur die Verschiffung von Waren aus den Kolonien in das Mutterland zuließen. Rycaut veranlaßte die Behörden der Hansestadt, die *Frederick* mitsamt ihrer wertvollen Fracht zu beschlagnahmen. Siehe dazu die Berichte in HCA 4/18, Nr. 89, PRO, HCA 15/17, Bündel F, PRO, und HCA 24/126, Nr. 152-153, PRO. Der Sohn von Frederick Philipse, Adolph, machte später gegenüber dem englischen Seegericht geltend, daß er die Ladung außer Landes schicken mußte, weil sie sonst der korrupten Kolonialadministration in New York in die Hände gefallen wäre. Die beschlagnahmten Waren wurden am 12. Dezember 1698 für umgerechnet zweitausendachthundert Pfund Sterling versteigert. Das Schiff gelangte erst nach einem jahrelangen Rechtsstreit wieder zurück nach New York.

56 Eine Beschreibung von Bonavola befindet sich im Manuskript von Bowrey. Zum Aufenthalt der *Margaret* siehe auch das Verhör ihres Maates John Powell vom 28. August 1701 in HCA 1/53, Fol. 106-107, PRO.

57 Zur Karriere von König Samuel siehe vor allem den Bericht von Jan Coin, der die Geschichte aus erster Hand von zwei ehemaligen Piraten in Fort Dauphin erfahren hatte. Ein englischer Schiffbrüchiger, der in dieser Zeit von einem benachbarten Volksstamm gefangengehalten wurde, schrieb später ein Buch über seine Erlebnisse, zu denen auch einige Treffen mit Samuel gehörten. Seine Darstellung der Geschichte Samuels weist eine bemerkenswerte Übereinstimmung mit dem Bericht von Jan Coin auf. Siehe Robert Drury, *Madagascar: Or, Robert Drury's Journal During Fif-*

teen Years' Captivity on that Island. London 1729, S. 95-115. Dieses Buch galt lange als ein fiktives Werk von Daniel Defoe, bis vor einigen Jahren die Authentizität der Beschreibungen zweifelsfrei nachgewiesen wurde.

58 Ein Reisender, der sich 1721 in Saint Augustin aufhielt, stellte verwundert fest, daß sich die Madegassen einen Spaß daraus machten, den Besuchern zahlreiche englische Flüche und Schimpfwörter an den Kopf zu werfen. Offenbar hatten sie diese von den Piraten gelernt. Siehe hierzu Clement Downing, *A Compendious History of the Indian Wars* [...]. London 1727, S. 81. Auch Robert Drury besuchte irgendwann in den frühen Jahren des 18. Jahrhunderts Rer Bafoga, wo er vom monatelangen Aufenthalt der Piraten in der Bucht erfuhr. Bei dieser Gelegenheit erinnerte sich der Madegassenhäuptling nicht nur an die häufigen Streitereien unter den Piraten, sondern auch an den schlechten Geschmack des Bieres, das ihm angeboten wurde.

59 Siehe die unpaginierten Logbücher der *Hastings*, Adm. 51/3859, PRO, der *Lizard*, Adm. 51/3886, PRO, und der *Anglesea*, Adm. 51/4114, PRO, unter den angegebenen Daten. Das Flaggschiff des Schwadrons, die *Harwich*, ging später in Indien verloren, deswegen ist ihr Logbuch aus dieser Zeit nicht erhalten. Der Brief von Thomas Warren befindet sich in HCA 1/98, Fol. 178, PRO.

60 Zur Geschichte der *Peter* siehe die Aussage von George Revelly, 18. Dezember 1699, HCA 1/98, Fol. 22-23, PRO.

61 Die Besatzungsmitglieder der *Beckford*, die sich nicht den Piraten anschließen wollten, wurden an Land ausgesetzt, wo die meisten binnen kurzer Zeit verstarben. Charles Harris, der Kapitän des Schiffes, wurde wenige Wochen danach vom bereits erwähnten Schwadron der Royal Navy aufgelesen. Bei einem Stopp auf Johanna hinterlegte er einen Brief an die Eigner des Schiffes, der Monate später von einem anderen Schiff nach London gebracht wurde. Das Schreiben befindet sich in CO 323/3, Fol. 156, PRO. Eine genaue Beschreibung der *Beckford* ist in der Petition der Besitzer an das Board of Trade and Plantations in CO 323/3, Fol. 154, PRO, enthalten. Zu den Ereignissen in Saint Augustin siehe auch die eidesstattliche Erklärung von Jeffrey Edwards, 10. Mai 1701, Adm. 1/1462, Fol. 248-252, PRO.

62 Die Bescheinigung für Freeland befindet sich in HCA 1/98, Fol. 180-182, PRO, und der Brief von Jones in HCA 1/98, Fol. 183, PRO.

63 Eine Beschreibung des Sturmes und der Folgen befindet sich im Verhör von Thomas Ransford, dem Bootsmann der *Margaret*, vom 28. August 1701, HCA 1/53, Fol. 104, PRO.

64 Die Ereignisse im Zusammenhang mit dem Aufbringen der *Margaret* sind in der Chronik der Kolonie, VOC 4043, Fol. 643-646, ARA, dokumentiert. Einige Offiziere der *Loyal Merchant* wurden nach ihrer Rückkehr aus Indien am 17. Dezember 1701 zu den Geschehnissen am Kap verhört. Ihre teilweise sehr ausführlichen Antworten – aber nicht die dazugehörigen Fragen – sind in HCA 13/82, Fol. 338-343, PRO, festgehalten.

65 Eine Aufstellung der bei den Gefangenen beschlagnahmten Geldsummen befindet sich in den State Papers 34/7, Fol. 12, PRO. Diese Liste beruht allerdings auf Angaben, die Matthew Lowth erst am 14. November 1705 machte. Auf der *Loyal Merchant* wurde nur die Gesamtsumme aller beschlagnahmten Münzen notiert. Siehe dazu HCA 1/98, Fol. 257, PRO. Scheinbar handelt es sich bei den später genannten Einzelbeträgen um eine Schätzung. Daher ist denkbar, daß Sievers in Wirklichkeit mehr als die angegebenen hundert Pfund besaß.

66 Alle auf der *Margaret* gefundenen Papiere befinden sich heute in HCA 1/98, PRO. Darunter ist allerdings kein Logbuch. Es ist zwar möglich, daß Burgess überhaupt gar kein Logbuch geführt hat, wahrscheinlicher scheint aber, daß irgend jemand von der *Margaret* ein solches belastendes Dokument noch rechtzeitig vor der Festnahme verschwinden ließ.

67 Zur Fahrt der *Vine* siehe die eidesstattliche Erklärung von Thomas Warren, 23. Dezember 1700, HCA 1/15, Fol. 14-15, PRO.

68 Der Brief von Lowth an die East India Company ist leider nicht erhalten. Allerdings schickte die Company am 3. Mai 1700 einen Bericht über diese Angelegenheit an König William III. Eine Kopie befindet sich in B/43, S. 270, OIOC.

69 Der Verlauf der Fahrt läßt sich anhand des Logbuchs der *Loyal Merchant* genau nachzeichnen. Siehe L/MAR/A/132, Fol. 11-21, OIOC.

70 Ein schottischer Reisender, der sich zwischen 1688 und 1723 in Indien aufhielt, besuchte auch Mangalore und zeichnete ein desolates Bild von den dort lebenden Portugiesen. Er schrieb, daß sowohl die Priester als auch ihre Gemeinden der übelste Abschaum der Christenheit seien. Der gesamte Klerus sei derart schamlos, daß er jedem Besucher Zuhälterdienste anbieten

würde. Und auch die Bürgerschaft sehe in Hurerei, Diebstahl und Mord keine Sünde, solange für sie dabei nur ein Vorteil heraussprang. Nachzulesen ist dieser zweifellos übertriebene Bericht in Alexander Hamilton, *A New Account of the East Indies* [...]. Edinburgh 1727, Bd. 1, S. 282-283.

71 Bombay und der Handel der Engländer in Indien werden beschrieben in John Fryer, *A New Account of the East-Indies and Persia, in Eight Letters Being Nine Years Travels* [...]. London 1698, S. 61-89.

72 Auch einige indische Händler, die Schiffe an die Piraten verloren hatten, gingen gegen die East India Company vor. Unter ihnen war Hassan Hamadani, der Besitzer der *Mohammed*. Bevor Hamadani jedoch am Hofe des Großmoguls seine Forderung nach einer Entschädigung durchsetzen konnte, starb er unter mysteriösen Umständen an einer Vergiftung. Siehe den Bericht der Company vom 26. März 1699 in E/3/54, Nr. 6621, OIOC.

73 Zur Einweisung der mutmaßlichen Piraten in das Gefängnis siehe die Beratungen der Leiter der Handelsstation am 5. Juni 1700 im unpaginierten Protokollbuch G/3/5, OIOC. Eine Liste der Gefangenen, die wieder auf die *Loyal Merchant* überführt wurden, befindet sich in L/MAR/A/132, Fol. 32, OIOC. Außerdem sind die Namen aller verstorbenen Seeräuber in den State Papers 34/7, Fol. 12, PRO, besonders markiert. Eine Andeutung der desolaten Verhältnisse im Gefängnis enthält das Verhör von William Gould, 28. August 1701, HCA 1/53, Fol. 99-100, PRO.

74 Zur Geschichte der *Carlisle* siehe das Verhör von Peter Deerlowe, 29. Juli 1702, HCA 1/53, Fol. 128-130, PRO. Der Bericht von Archibald Dunbar, ein Seemann von der *Lizard*, der Zeuge vom unrühmlichen Ende des Piratenschiffes war, befindet sich in HCA 1/16, Fol. 83, PRO.

75 Die Übernahme der Gefangenen durch die Lords of Admiralty, denen die Seegerichtsbarkeit unterstand, ist in Adm. 2/1048, Fol. 36, PRO, verzeichnet. Bei den Seeleuten, die noch vor dem Prozeß freigelassen wurden, handelte es sich um die gefangenen Besatzungsmitglieder der *Peter* und einige Piraten von der *Pelican*. Verhandelt wurde gegen Thomas Bagley und Joseph Wheeler von der *Pelican*, Michael Hicks, Richard Roper sowie Arnaud Vielé von der *Resolution* und John Barrett, der zunächst auf der *John and Rebecca* und dann auf der *Soldado* gesegelt war. Die im Zusammenhang mit diesem Prozeß gemachten Aussagen, die an verschiedenen Stellen schon zitiert wurden, befinden sich in HCA 1/53, Fol. 94-110, PRO.

Einige Berichte über den Ausgang des Verfahrens sind in Adm. 1/3666, Fol. 352-362, PRO. Auch gegen Burgess wurde am gleichen Tag, aber in einem abgetrennten Verfahren verhandelt. Ihm wurden seine Aktivitäten als Pirat vor 1693 zur Last gelegt. Als Zeuge trat Robert Culliford auf, der genötigt wurde, andere Piraten zu belasten, bevor die Behörden seine Amnestierung anerkannten. Burgess wurde für schuldig befunden und zum Tode verurteilt. Doch bevor das Urteil vollstreckt werden konnte, wurde auch er endgültig begnadigt. Siehe dazu HCA 1/16, Nr. 43, PRO. Über den Verbleib der beschlagnahmten Summe liegen keine Informationen vor.

76 Zur vorgeschlagenen Amnestie siehe die Denkschrift *Reasons for Reducing the Pyrates at Madagascar: and Proposals humbly offered to the Honourable House of Commons, for effecting the same*. London 1707. Daniel Defoes Aufsatz ist im *Review of the State of the British Nation* vom 18. Oktober 1707 erschienen. Während der Plan vom House of Commons zumindest für prüftenswert gehalten wurde, lehnte ihn das Privy Council – der Kronrat – wegen rechtlicher Einwände ab. Dennoch wurde der Vorschlag 1709 erneut diskutiert und schließlich dem Board of Trade and Plantations zur Überprüfung zugeleitet. Dort entdeckte man ziemlich schnell die dubiose Rolle, die Breholt in dieser Angelegenheit spielte. Siehe hierzu die eidesstattliche Erklärung von Lawrence Waldron, 17. Mai 1709 in CO 323/6, Fol. 222, PRO, und das Rechtfertigungsschreiben von Peregrine Marquis of Carmarthen, 15. Dezember 1709 in CO 323/6, Fol. 226, PRO.

77 Siehe das Logbuch der *Scarborough*, Add. Ms. 3674, Fol. 16-18, BL, und Woodes Rogers, *A Cruising Voyage Round the World* [...]. London 1712, S. 419.

78 Eine Abschrift der Petition befindet sich in CO 323/6, Fol. 197, PRO.

Bildnachweise

Titelbild BHC 531, NMM.

1 Rhi X3 994, The Rhode Island Historical Society.

2 CO 5/1258, Fol. 169, PRO.

3 Add. Ms. 3671, Fol. 4, BL.

4 Robert Drury, *Madagascar: Or, Robert Drury's Journal During Fifteen Years' Captivity on that Island.* London 1729, S. 1.

5 D 7491-F, NMM.

6 X/414/217, OIOC.

7 *Piraten und Seeräuber*, Brönner-Verlag 1972.

8 Alexander Hamilton, *A New Account of the East Indies* [...]. Edinburgh 1727, Bd. 1, S. 86.

9 Johann H. Röding, *Allgemeines Wörterbuch der Marine.* Hamburg 1798, Bd. 3, Abb. 279.

10 Add. Ms. 38076, Fol. 41, BL.

11 9. Tab. 125, Fol. 26, BL.

12/13 Add. Ms. 15737, Fol. 1-3, BL.

14 François Valentijn, *Oud en nieuw Oost-Indien* [...]. Dordrecht 1726, T. 5, S. 14-15.

15 Add. Ms. 15738, Fol. 18, BL.

16 HCA 1/98, Fol. 108, PRO.

17 W 157, James Ford Bell Library, University of Minnesota.

18 9. Tab. 37, Fol. 29, BL.

19 3646, NMM.

20 Add. Ms. 3665, Fol. 43, BL.

21 Charles Ellms, *The Pirates Own Book: Authentic Narratives of the Most Celebrated Sea Robbers* [...]. Boston 1837, S. 91.

22 Pf. 217, Div. 8, S. 2, Bibliothèque Nationale de France.
23 Add. Ms. 15738, Fol. 17, BL.
24 HCA 1/15, Nr. 36, PRO.
25 6569, NMM.
26 L/MAR/A/132, Fol. 10, OIOC.
27 HCA 1/98, Fol. 11, PRO.
28 K 115, Nr. 58c, BL.
29 6588, NMM.

Glossar

Bark	Im späten 17. Jahrundert ein Sammelbegriff für kleine Schiffe mit einem glatten Oberdeck und einem rechteckigen Heck. Die meisten Barken dürften als Brigantinen getakelt worden sein.
Besanmast	Der Mast hinter dem Großmast.
Bilge	Der unterste ungenutzte Raum eines Schiffes, in dem sich Leck- und Schwitzwasser sammelt.
Brasse	Das Tau zum Schwenken einer Rah.
Brigantine	Ein leichtes zweimastiges Handelsschiff, das Rahsegel am Fockmast und Schratsegel am Großmast führte.

Brigantine

Bug	Der vordere Teil eines Schiffes.
Bugspriet	Ein nach vorn über den Bug hinausragender Mast.
Bukanier	Eine allgemeine Bezeichnung für Piraten, die in der zweiten Hälfte des 17. Jahrhunderts in der Karibik operierten. Der Begriff stammt vom französischen *boucan*, einem Räucherrost, auf dem die Bukaniere ihr Fleisch konservierten.
Dau	Ein arabischer Schiffstyp mit einem oder mehreren Masten und Lateinsegeln.
Deck	Die waagerechte Unterteilung sowie der obere Abschluß eines Schiffskörpers.

DSCHUNKE — Ein südostasiatischer Schiffstyp mit rechteckigen Mattensegeln.

FISCHUNG — Die verstärkte Öffnung im Deck eines Schiffes zur Aufnahme eines Mastes.

FOCKMAST — Der Mast vor dem Großmast.

FREGATTE — Ein leichtes dreimastiges Schiff, das mit zwanzig bis achtunddreißig Geschützen bestückt war. Der Bau der Fregatte ist gekennzeichnet durch die stufenförmige Anordnung der Decks.

GANGSPILL — Eine starke Schiffswinde mit senkrecht stehender Welle.

GROSSMAST — Der höchste Mast eines mehrmastigen Schiffes.

HECK — Der hintere Teil eines Schiffes.

KALFATERN — Das Abdichten von Fugen am Schiffsrumpf durch Werg und Pech.

KAPER — Ein Privatschiff, das mit einer besonderen Ermächtigung im Krieg feindliche Handelsschiffe aufbringen durfte.

Ketsch

KETSCH — Ein zweimastiges Schiff mit Groß- und Besanmast, die weit nach hinten versetzt waren.

KIEL — Der Grundbalken eines Schiffes, auf dem der Bug aufgebaut ist.

KIELHOLEN — Beim Kielholen wurde das Schiff im flachen Wasser auf die Seite gelegt, so daß man den Rumpf reinigen und gegebenenfalls abdichten konnte.

LATEINSEGEL — Aus dem arabischen Raum stammendes, schräg zum Mast gesetztes dreieckiges Segel.

LOT — An einem Tau aufgehängtes Bleigewicht, mit dem die Wassertiefe und die Beschaffenheit des Grundes unter dem Rumpf erkundet wird.

MASCHWA	Ein schnelles Boot aus Arabien oder Indien, das mit einem Lateinsegel getakelt ist.
OSTINDIENSCHIFF	Ein größeres dreimastiges Schiff, das von den europäischen Handelsgesellschaften auf der Route nach Asien eingesetzt wurde.
PERSENNING	Ein geteertes, wasserdichtes Segeltuch.
PINASSE	Ein größeres Beiboot, das sowohl gesegelt als auch gerudert werden konnte.
PINKE	Ein Sammelbegriff, unter dem kleine Schiffe mit einem sehr schmalen, runden Heck zusammengefaßt wurden.
PRISE	Ein gekapertes Schiff oder dessen erbeutete Ladung.
RAH	Am Mast horizontal schwenkbar angebrachtes Rundholz, an dem die viereckigen Rahsegel befestigt waren.
RIEMEN	Ein einseitig von jedem Ruderplatz über die Bordwand ragendes, mit beiden Händen zu bewegender Holm mit Ruderblatt. Fälschlich auch oft als *Ruder* bezeichnet.
SCHALUPPE	Ein leichtes einmastiges Schiff mit einem großen Schratsegel.

Schaluppe

SCHEBECKE	Ein mediterraner Schiffstyp mit einem flachen Rumpf und einer weit ausladenden Heckgalerie. Getakelt waren Schebecken mit drei Masten und Lateinsegeln.
SCHOT	Ein Tau, mit dem Segel in die richtige Stellung zum Wind gebracht werden.
SCHRATSEGEL	Eine Sammelbezeichnung für alle in Längsrichtung zum Schiff stehenden Segel.
SEEMEILE	Eine Seemeile entspricht 1852 Meter.

SPILL	Eine Winde zum Heben von schweren Lasten auf das Schiff.
TAKELAGE	Die Gesamtheit der Vorrichtungen zum Tragen und Handhaben der Segel eines Schiffes.
TROSSE	Ein starkes Tauwerk aus Hanf zum Festmachen oder Schleppen von Schiffen.
VORDERKASTELL	Der Aufbau am Bug eines größeren Schiffes.
WANTE	Ein starkes Tau, das einen Mast zur Seite hin abspannt und hält.

Die Abbildungen sind aus William Falconer, *An Universal Dictionary of the Marine* [...]. London 1769.

Boston
New York
Newport
Philadelphia
Charleston
Azo
Bermuda Inseln
Atlantischer Ozean
Bahamas
Kuba
Jamaica
Kapverdi
Inseln
Barbados
Panama
GUAYANA
Kap
São Roque
PERU
BRASILIEN
Pazifischer Ozean